Fernfahrt

AF239560

Markus Rehmann

Fernfahrt

Geschichten von der Straße

Bibliografische Information der Deutschen Nationalbibliothek
Die Deutsche Nationalbibliothek verzeichnet diese Publikation in der
Deutschen Nationalbibliografie; detaillierte bibliografische Daten sind
im Internet über http://dnb.d-nb.de abrufbar.

© 2012 Markus Rehmann
Satz, Umschlaggestaltung, Herstellung und Verlag:
BoD – Books on Demand
ISBN 978-3-8448-9706-7

So schlingerte ich wieder mal über den Autoput, den waschbrettartig ausgeschlagenen Fernweg in den Orient. Ich hatte in Slavonski Brod Rast gemacht, dann waren Beograd, Nis und Skopje an mir vorbeigezogen und nun hinter Titov Veles, nahe der griechischen Grenze, wurde der Straßenzustand so schlecht, dass ich gezwungen war, mit 50–60 km/h dahinzuschleichen. Die Räder der Vorderachse ratterten durch die Schlaglöcher, die wie die Schlünde hungriger Dämonen in der ruinösen Betonplattenfahrbahn klafften. Das Lenkrad des MAN schüttelte meine Arme, sodass ich das Gefühl hatte, einen Presslufthammer zu halten. Das Licht der nunmehr im Abendfrieden liegenden Landschaft wurde weich und wechselte von sattem Bläulich ins dräuende Violett. Schatten krochen entlang der Hänge und legten ihre Dunkelheiten aus, während ein eiliger Mond durch aufgeschreckte Wolkenfetzen pflügte. Hatte sich wohl mal wieder verspätet, der Kerl. Überholt wurde ich kaum noch, der Verkehr ließ nach und bald war ich allein, fühlte mich leicht und frei wie ein Schiff im weiten Ozean, wie ein Entdecker im unbekannten Land. Der Himmel war jetzt dunkel und samten, Gott hatte eine Handvoll Sternenkonfetti zur Erde geworfen und ein silbernes Regenlicht übergoss das Firmament. Über den in Nachtschatten gehüllten Bergen stand nun strahlend der stolze Mond, ein treuer und lieber Freund, der mich stets begleitete, der mir ein Gefühl der Vertrautheit und Geborgenheit vermittelte, der mir Trost war und Freude, egal wo ich mich befand, ob in Schweden bei eisigem Nordwind oder in Saudi-Arabien im sengenden Wüstensand. Ich war so durchdrungen von dieser unwirklich erscheinenden Wirklichkeit, dass mein Herz erschauerte und meine reale Wahrnehmung mehr und mehr verschwamm. Als ich mich etwas beruhigt hatte, sah ich im Rückspiegel, dass der hintere Teil des Aufliegers stark nach rechts hing. Also hielt ich am Straßenrand, schnappte mir die Taschenlampe und ging nach hinten, wo ich feststellte, dass an der dritten, der hintersten Achse das komplette Federpaket fehlte. Die eisernen Bügel, die es von oben her festgehalten hatten, waren, alt und rostig, durch die Schüttelei gebrochen und das Blattfederpaket lag irgendwo in einem der bodenlosen Schlaglöcher des Autoput.

»Na ja«, beruhigte ich mich, »wenn ich in diesem Tempo weiterfahre, kann eigentlich nicht viel passieren.«

Ich hatte nur 10 Tonnen Leuchtkörper für eine Baustelle in Bagdad geladen, vom Gewicht her also kein Problem und kurz nach der griechischen Grenze gab es ein Rasthaus mit Reparaturwerkstatt. Bis dort waren es nur noch wenige Kilometer. So fuhr ich weiter, manövrierte den MAN so vorsichtig, als hätte ich rohe Eier an Bord. An der Grenze parkte ich den Lkw hinter zwei Sattelschleppern, damit die Zöllner nicht sehen konnten, wie traurig mein Heck dahing. Nachdem mein Carnet TIR gestempelt war, fuhr ich weiter und erreichte so gegen 22 Uhr das Rasthaus »Bei Theo«. Schon von Weitem hatte ich das Gebäude gesehen, es stach hell erleuchtet aus der Dunkelheit und glühte wie das Tadsch Mahal, und glaubt mir, keiner war je so froh wie ich, eine Werkstatt zu sehen. Ich stellte den MAN ab und ging in die Halle, wo ein kleiner, schmuddeliger Homunkulus an einem

Mercedes mit Schweizer Kennzeichen schraubte. Das war Theo.

Theo war einer dieser Typen, denen man sofort ansieht, was sie tun, wofür sie leben, was sie an- und umtreibt. Er war klein und eher schmächtig, die ideale Statur, um unter einen Lastwagen zu passen, um sich zwischen Motor und Fahrerkabine zu bewegen. Eingehüllt in einen total verdreckten, mit Öl, Rost und Schmierfett überzogenen Overall, der, wie ich mutmaßte, gar kein Overall, sondern seine Haut war, wirkte er nicht wie ein Mensch, gezeugt von einem Mann, geboren von einer Frau, nein, er wirkte wie ein neuzeitlicher Satyr, ein im Ölbad genährter Mechanicus Absurdus, dessen Vater ein stählerner Schraubstock und dessen Mutter eine Rätsche war. Seine Hände waren wie zupackende Kombizangen und so schwarz wie Tinte, seine Haare, die ihm in drahtigen, grauen Büschen vom grubengeschwärzten Kopf abstanden, sahen aus wie Putzwolle, und ich war versucht zu glauben, dass er mit ihnen die Bremstrommeln der Lkws vom Rost befreite. Er, Theo, den ich, Markus, nun ehrfürchtig anstarrte, warf einen kurzen, Dieselqualm verhangenen Blick auf meinen Auflieger und erklärte dann, dass die Reparatur am nächsten Tag, so gegen Mittag, erledigt sein würde. Mir war's recht und so trollte ich mich zum nahe liegenden Restaurant, dessen Tische im Freien unter der nachtschwarzen Überwurfdecke der südlichen Hemisphäre standen. War nicht viel los dort, eigentlich gar nichts, wenn man es genau betrachtete, nur ein einziger Mann saß an einem Tisch und hatte eine Karaffe Rotwein vor sich stehen. Das war der Schweizer, dessen Lkw ebenfalls in der Reparatur weilte.

Sein Name war Max Sandmeier, wie ich später erfuhr. Max, wenn er aufgestanden wäre, hätte er so ungefähr 1,75 m gemessen, war also nicht sonderlich groß, doch sein Oberkörper war der eines Riesen, seine Schultern waren dick und ausladend, seine Brust war die eines Bären. Da er ein Fahrer der älteren Generation war, das heißt, zwanzig Jahre mit synchronisierten Getrieben und ohne Servolenkung gefahren war, hatte er Oberarme, die ihm jeder Bodybuilder geneidet hätte. Sein Kopf, oder besser gesagt, sein Schädel war der eines Berner Oberländers, hart wie ein Stein, schartig wie ein Fels auf der Höhe des Jungfraujochs, den der Alpenwind in eisigen Winternächten modelliert hatte. Sein langes, nach hinten gekämmtes Haar war durchzogen von silbergrauen Fäden, ebenso sein über die Brust bis zur Tischplatte fließender Bart. Wie er dort so saß, mit seinem Glas mit rubinrotem, im Sternenlicht funkelnden Wein, suggerierte er mir den Anblick des Königs Barbarossa, der sich nicht mehr erheben kann, weil sein Bart durch die Tischplatte gewachsen ist. Aber solange er zu trinken habe, so erfuhr ich später von Max, gäbe es keinen Grund, aufzustehen. Doch jetzt erhielt ich nur einen kurzen Wink von Barbarossa: »Sitz dohär und nimm eis mit mir! (Setz dich her und trink mit mir!)«

Wir tranken, bis der Mond, der seine Verspätung inzwischen wieder aufgeholt hatte, so hoch am Himmel stand, dass es war, als säßen wir unter einer strahlenden Laterne, bis der Köter, der die halbe Nacht geheult hatte, sich endlich zur Ruhe legte, bis es so still war um uns, dass ich meine eigenen Gedanken im Nachtwind widerhallen hörte (»Wieso muss der nicht pissen?«, dachte ich.

»Ich war schon zweimal im Gebüsch und der sitzt immer noch da, obwohl er das Doppelte säuft wie ich.«), bis die unendliche, immerwährend mystische mediterrane Aura uns beide abheben und durch magische Imaginationen verschwinden ließ in der Schweigsamkeit dieser Nacht.

Am nächsten Morgen beschlossen wir gemeinsam weiterzufahren, denn wer so gut zusammen schweigen kann (wir hatten nicht viel geredet, genau genommen gar nichts, lediglich zusammen getrunken hatten wir), der kann auch gut miteinander fahren. Na, jedenfalls stand die Sonne bereits hoch am Himmel und die Hitze war immens, als wir losfuhren. Draußen zog träge die Landschaft vorbei, wahrscheinlich war ihr auch zu heiß.

Vorbei an Giannitsa führte die Straße erst nach Süden, um uns dann bei Thessaloniki auf die E 90 entlang des Thrakischen Meeres nach Osten zu bringen. Die Beschilderung in diesem Teil Griechenlands lässt leider viel zu wünschen übrig. Mittlerweile kannte ich mich aus, doch als ich das erste Mal alleine diese Strecke fuhr, hatte ich mich mächtig verfranzt. Ich hatte schon Mühe, aus Thessaloniki rauszufinden, und fühlte mich ziemlich gestresst. Kollegen hatten mir gesagt, ich solle mich in Richtung Kavala und Xanthi halten, alles wäre prima ausgeschildert, überhaupt kein Problem. Na ja, so stand ich dann irgendwo im Nirgendwo an einer Kreuzung, die absolut üppig beschildert war. Ein einziges verwittertes Schild mit kaum noch lesbaren Lettern hing traurig an einem schief stehenden Holzpfosten. Erschwerend kam hinzu, dass der Name klein geschrieben war. Die großen griechischen Buchstaben konnte ich entziffern, aber bei Kleinschreibung hörte der Spaß auf. Ich las es zweimal, ich las es dreimal, es wurde nicht besser, ich konnte mir absolut keinen Reim darauf machen. Was nun? Es war eine Kreuzung, von der mehrere Wege wegführten. Der nach links führte in Richtung Berge, außerdem war er schmaler. Da ich wusste, dass Kavalla am Meer liegt und die nach rechts führende Straße besser ausgebaut war, entschloss ich mich dieselbige zu versuchen und fuhr los. Am Anfang war alles noch okay, Belag war gut und die Richtung stimmte auch, nach einer Weile jedoch wurde die Straße schmäler und schmäler und dann war auch der Teerbelag zu Ende. Zu allem Übel fuhr ich jetzt auch noch auf die Berge zu, wo Kavalla doch am Meer liegt. Längst war mir klar, dass ich falsch war, und so hielt ich Ausschau nach einer Wendemöglichkeit, doch keine Chance, rechts und links nur weicher Untergrund oder felsiges Terrain, in dem ich mir mit Sicherheit einen Platten geholt hätte. Also fuhr ich weiter, Blut und Wasser schwitzend, denn nun ging es auch noch bergauf.

»Was mach ich denn jetzt, hier komm ich nie mehr raus?«, dachte ich und versuchte mir dann doch Mut zuzusprechen, während mein Auflieger durch die Schlaglöcher kreischte wie ein weidwundes Tier. Irgendwann kam ich an einer Schafherde vorbei, die mir empört hinterherblökte, während der Hirtenhund laut kläffend versuchte, in einen der Reifen zu beißen. Als die Tiere dann zurückfielen, rumpelte ich noch ein halbes Stündlein dahin, bis der Weg um eine Bergkuppe herumführte und ich inmitten einer kleinen Ortschaft auf dem Dorfplatz anhielt, denn hier ging es nicht mehr weiter – Sackgasse. Jetzt müsst ihr euch das so vorstellen: Vor mir, angeordnet in einem geschlossenen Halbkreis, standen etwa fünfzehn bis zwanzig weiß getünchte, ein- bis zweistöckige Häuser mit Flachdächern, auf denen Wäsche an Leinen im Abendwind flatterte. Mehrere Frauen, die dort, auf Stühlen sitzend, die Kühle des zu Ende gehenden Tages genossen, starrten mich mit offen stehenden Mündern entsetzt an. Da ich mit meinem Führerhaus etwa auf der gleichen Höhe mit ihnen war, grüßte ich dann auch ganz höflich mit einem »Kali spera (Guten Abend)«, was auch erwidert wurde. Vor der Kafenion saßen ein paar Männer, die wortlos starrten. So verharrten wir eine kleine Weile, bis dann einer der jüngeren sich kopfschüttelnd aus der Starre löste und auf mich zukam.

»Wo wollen Sie denn hin, hier geht es nicht mehr weiter?«, fragte er auf Englisch.

»Eigentlich suche ich nur einen Platz zum Wenden!«, antwortete ich.

Er übersetzte das den nunmehr zahlreich erschienenen Dorfbewohnern und löste damit ein weithin schallendes Gelächter aus, dem ich mich nur anschließen konnte, so abgefahren und bizarr war die Situation. Ich erfuhr, dass ich in Nevrokopi war und mich, du lieber Gott, nicht mehr allzu weit von der bulgarischen Grenze befand, das nenne ich nun wirklich – sich verfahren. Was dann folgte, war filmreif. Irgendwie musste ich ja umdrehen, also wurde für mich der Dorfplatz geräumt. Die Stühle und Tische der Kafenion, ein Stapel Säcke mit geernteten Oliven, mehrere Handkarren, zwei unmutig murrende Esel und mehrere Röhren einer seltsamen Bewässerungsanlage. Das alles unter fröhlichem Gelächter und Geschrei. Ja, ich muss bekennen, diesen Abend war ich die Attraktion, die unfreiwillige, versteht sich. Nach viel Rangier- und Millimeterarbeit schafften wir es dann, den Lkw umzudrehen. Nun war es Nacht geworden und an Weiterfahrt nicht zu denken, sie hätten mich auch gar nicht fortgelassen. Janis, so hieß der junge Mann, zog mich am Arm in die Kafenion, wo ich, umringt von den Dorfbewohnern, mit Bohnen, Brot und Käse gestärkt wurde, um dann beim Wein bis in die tiefe Nacht hinein ihre Fragen, nach allem und jedem, zu beantworten; und wie ich dann zu später Stunde besoffen in meine Koje kroch, dachte ich kurz vor dem Einschlafen noch einmal daran, was heute alles passiert war.

»Rehmann, das alles hättest du nie erlebt, wenn du zu Hause geblieben wärst! Gott, bin ich froh, dass du aufgebrochen bist.«

Doch nun, dieses Mal waren Max und ich auf dem richtigen Weg. Zur rechten Hand erstreckten sich die drei Finger der Halbinsel Chalkidiki, deren östlichster die zwanzig Klöster der Mönchsrepublik Athos beherbergt. Das älteste der Gebäude stammt aus dem 9. Jahrhundert und Frauen ist der Zutritt strengstens verboten, ja es heißt sogar, dass nichts Feminines dort auf diesem Berg geduldet wird, kein weibliches Tier und keine weibliche Pflanze soll dort gedeihen. Von nun an begleitete uns das Meer zur Rechten wie ein stilles Gebet in einem Wechselspiel der Farben von Azur bis Kobaltblau, von schimmernder Sanftheit bis hin zum gleißenden Strahlen, kleine verträumte Buchten in nachmittäglichen Schatten liegend, Seetang überwachsene Salzwassertümpel, in denen Flamingos, den Kopf im Gefieder, vor sich hin dösten, und von Ferne auf einer winzigen Insel, die wie ein einsames Schiff im Meer trieb, grüßte uns das schüchterne Glockengeläut einer Kapelle. Der Nachmittag war weit vorgerückt und so beschlossen wir, in Anbetracht unseres durchs heftige Trinken am Vortag etwas desolaten Zustands in Kavala zu übernachten. Ich kannte dort ein Restaurant mit großem Parkplatz, auf dem wir die Lkws für die Nacht abstellen konnten. Das Essen war vorzüglich, und nach Kaffee und Käse beschloss ich, mir ein wenig die Beine zu vertreten. Max war nicht dazu zu überreden und so zog ich alleine los. Kavala ist ein kleines pittoreskes Fischerdorf mit einem wunderschönen Hafen, in dem die typischen, meist hellblau gestrichenen Fischerboote dümpeln. Ich setzte mich vor eine Kafenion, schlürfte einen griechischen Kaffee, sah hinaus aufs Meer und dachte nichts, einfach nichts, ließ mich treiben, sah, wie sich das Wasser bewegte, die Wellen in schöner Gleichmäßigkeit durchs Hafenbecken rollten, um sich dann mit einem schüchternen Seufzer an der Mauer zu brechen, es war wie Meditation. Es war nur noch ein Gedanke, der mich durchdrang.

»Lasst mich sitzen hier für tausend Jahr.«

Ihr kennt das, es war einer dieser Momente, in denen man vollkommen eins ist mit sich und seiner Umwelt, seinem Gott, seinem Karma, seinem – was auch immer. Man lädt – sozusagen – seine Batterie auf.

Doch der Wirt riss mich aus meinen Gedanken, er räumte meinen Tisch ab, erklärte mir, dass er nun schließe, und auf meinen erstaunten Blick erwiderte er nur: »Pame ekklisia! (Ich gehe zur Kirche!)«, dann war er weg. Also schlenderte ich die Hafenstraße hinauf, zurück zum Lkw. Doch ich kam nicht weit. Als ich auf dem zentral liegenden Kirchplatz ankam, fand ich mich inmitten einer aufgeregt murmelnden Menschenmenge wieder. Die schweren, hölzernen Türflügel des Kirchenportals waren weit geöffnet und monotoner Gesang drang an mein Ohr. Der Vorplatz war schwarz von Menschen, und neugierig, wie ich nun einmal bin, gelang es mir, mich vorzudrängen bis an die Türe. Auch in der Kirche selbst waren alle Bänke dicht besetzt und in den Gängen standen die Menschen Schulter an Schulter. Diffuses Licht ließ den Raum in Schatten versinken, selbst die goldenen Leuchter, die in jeder orthodoxen Kirche zu finden sind, glommen nur spärlich und auch die Gesichter der Heiligen auf den Ikonen waren in tiefen Schatten versunken. Die Ikone des Pantokrators (Christus) war mit einem schwarzen Tuch verhüllt. Und da endlich begriff ich.

»Mein Gott, es ist Ostersonntag und ich hab es nicht einmal bemerkt.«

Der Pope in seinem prunklosen Ornat stimmte nun einen schleppenden Gesang an und nach und nach erlosch alles Licht, es wurde nachtschwarz um uns, so dunkel, dass man seinen Nachbarn nicht mehr sehen konnte, einzig vorne am Altar flackerte ein winziges Licht, das Licht der Hoffnung, das Licht der Auferstehung. Es war totenstill im Kirchenrund, nichts mehr war zu hören, kein Laut, kein Husten, Räuspern, Keuchen, die Menschen hielten den Atem an, es ergriff auch mich, mein Herz pochte laut, nur noch die Stimme des Popen, nur noch das Wehklagen um den Verlust des Herrn.

»Nichts mehr«, dachte ich, »vorbei, wir sind verloren.«

Nacht umfing uns, das Menschengeschlecht erschauerte, doch dann erhob sich der Pope, entzündete eine

Kerze am winzigen Licht auf dem Altar, dem Licht der Welt. Mit der Hand die flackernde Flamme schützend, schritt er die Stufen des Altars hinunter und derjenige, der ihm am nächsten stand, entzündete seine Kerze an diesem Licht und gab es weiter an den ihm zur Seite Stehenden, und so ging das Licht seinen Gang durch all diese Menschen, bis hinaus auf den Vorplatz, wo auch mir eine Frau eine Kerze in die Hand gedrückt hatte, deren Licht ich nun mit meiner Hand behütete. Und wohin ich auch sah, lagen sich die Menschen in den Armen und auch ich wurde einbezogen, umarmt und geherzt mit den Worten: »Christus ist auferstanden.«

Und wahrhaftig, niemals war ich so sehr davon überzeugt, dass er auferstanden ist, wie in dieser Nacht, dort in Kavala, bei diesen Menschen, deren Freude so echt, so ehrlich und aufrichtig war.

***

Am nächsten Tag, so gegen Mittag, erreichten wir bei Ipsala die türkische Grenze. Die Zollanlage war eine einzige Baustelle und Hunderte von Lastwagen parkten in einem Chaos aus aufgerissenen Fahrbahnen, Schlamm, Dreck, Hitze, Staub, Geschrei und Aggression. Jeder versuchte, sich irgendwie durchzuschlagen, seine Papiere abgestempelt zu bekommen, um dann mit seinem Lastwagen dieser Hölle zu entkommen. Mehrere Formulare waren nötig und so begann auch für Max und mich der Bürokraten-Marathon. Mittlerweile hatte ich Erfahrung, doch als ich das erste Mal hier war, kostete es mich einen ganzen Nachmittag, dreimal einen 20-DM-Schein sowie eine halbe Stange Marlboro, bis ich alles beisammen hatte. Als Erstes hatte ich mich im Hauptgebäude angestellt, um das Carnet TIR stempeln zu lassen. Ein hagerer, schnauzbärtiger Beamter in einem schicken Nadelstreifenanzug saß, ein Zigarettchen schmauchend, an einem Schreibtisch und ließ mit herablassender Miene die Goldring geschmückte Hand mit dem Stempel huldvoll auf die Zollpapiere fallen. Türkische Lastwagenfahrer, die nicht in der Lage waren, einen Bakschisch zu bezahlen, behandelte er wie Luft oder eher wie Dreck. Hatte er dann ein Carnet mit ausländischem Kennzeichen vor sich liegen, kam ein Leuchten ins korrupte Beamtenauge. In meinem Falle deutete er mir nonchalant, aber bestimmt an, dass ohne Obolus meine Fahrt hier vorerst enden würde. So war ich meinen ersten Schein los. Als ich die Fahrtgenehmigung vorlegte, erfuhr ich, dass er dafür nicht zuständig sei, ich solle, er deutete mit einer vagen Geste nach draußen, mich auf der anderen Seite anstellen. Also irrte ich auf der Suche nach dem Zuständigen etwas planlos durchs Gelände, wobei sich in mir der Verdacht regte, dass ich mit nur einem Schein diese Sache hier nicht überstehen würde. Ich fragte ein paar türkische Kollegen, die sich allesamt einen Spaß daraus machten, mich in die Irre zu führen. Erst als ich eine Schachtel Marlboro lockermachte, erhielt ich Auskunft. Der zweite Stempel kostete mich dann, wie erwartet, den nächsten 20-DM-Schein.

»Scheint hier der Standardtarif für Schmiergeld zu sein«, dachte ich und machte mich genervt auf die Suche nach der Anlaufstelle, wo ich mein TIR-Kontrollformular ausgehändigt bekommen sollte. Dieses Formular dient zur Überwachung der Fernfahrer. Die Route durchs Land ist vorgeschrieben und darf nicht verlassen werden, um dieses zu garantieren, müssen unterwegs mehrere Kontrollposten angefahren werden. Dort erhält man den Stempel (der unter Garantie wieder mit Unkosten verbunden sein wird, mutmaßte ich), der nachweist, dass man die Strecke nicht verlassen hat. Das ganze Land muss in sechs Tagen durchquert sein. Übernachten ist nur auf eigens dafür angelegten Parkplätzen gestattet. Fehlt ein Durchfahrtsstempel auf dem Formular, ist eine Strafe von 20 000 Lira zu entrichten. Nachdem ich alles beieinanderhatte, enterte ich frohgemut meinen Laster und reihte mich in den Lindwurm ein, der zur Ausfahrt des Zollgeländes kroch. Es war heiß, der Schweiß rann mir in Strömen vom Gesicht, es stank nach Dieselqualm, und wenn ich das Fenster öffnete, drang Staub herein. Die Straße war ein einziges Schlagloch, es gab keine Möglichkeit, zu überholen, so dauerte es eine Stunde, bis ich endlich am Tor war. Ich händigte dem Zöllner meine Papiere aus in der frohen Erwartung, nun weiterzukönnen. Doch weit gefehlt! Der Beamte überflog sie rasch und begann dann fürchterlich zu fluchen, mich anzuschreien und dann warf er die Formulare wutentbrannt in den Dreck der Straße, einfach so, amtliche Begleitpapiere, die meine Fahrt durch mehrere Länder bis nach Bagdad legitimieren sollten, bei deren Verlust ich mit den schlimmsten Repressalien rechnen musste. Natürlich war ich außer mir, ich schoss aus dem Wagen und erreichte das Carnet kurz vor dem Zöllner, der im Begriff war, auch noch darauf zu treten. Ich zitterte vor Wut. Ein gebrüllter Wortschwall ergoss sich über mich, von dem ich selbstredend keine Silbe verstand. Hinter mir begannen die anderen Fahrer bereits ungeduldig zu hupen, was den Beamten nur noch mehr in Rage brachte. Ein zweiter, der dazukam, erklärte mir auf Englisch, dass ich einen Stempel, den Ausfahrtsstempel, vergessen hätte. Also den Stempel, der bescheinigt, dass die anderen Stempel vorhanden sind. Ich sollte zurückfahren und ihn mir besorgen. Zurückfahren, doch wie? Hinter mir standen so etwa hundert Lkws mit wütenden, in der Hitze schmachtenden Fahrern, die mir am liebsten an die Gurgel wären. Weiterfahren durfte ich nicht, nach hinten konnte ich nicht, an mir vorbei kam keiner, es war eine ausweglose Situation, ich schwitzte Blut und Wasser. Rechts von mir war ein kleiner Seitenstreifen, der nach hinten in einem Sandhaufen endete. Das könnte gehen. Nach mehreren Anläufen, umbrandet von einem akustischen Hupinferno, gelang es mir irgendwie, den Auflieger auf den Sandhaufen zu schieben, um gerade so viel Platz zu schaffen, dass die anderen an mir vorbeikonnten. Unter den vulgärsten Beschimpfungen und mörderischstem Gehupe ging ich dann zu Fuß zurück, um mir den Stempel zu besorgen, der bestätigt, dass die Stempel gestempelt sind, und das war dann der dritte 20-DM-Schein.

Doch dieses Mal waren die Formalitäten – Marlboro sei Dank – schnell erledigt und wir konnten unsere Fahrt zügig fortsetzten. Die Straße führte nun durch hügeliges Gelände, weiche Linien in sanftem Braun flossen ineinander über, an den Hängen grasten zottige Schafe, auf den wenigen, kümmerlichen Grasflächen blühten trotzig Frühjahrsblumen und knorrig verwachsene Ölbäume streckten ihre mageren Arme gen Himmel. Und der war so blau, dass einem das Herz wehtat. Jetzt ging es gefühlt bergab und bei der Stadt Tekirdag öffnete sich der Horizont in all seiner Pracht und gab den Blick frei auf ihre Herrlichkeit – das Marmarameer. Da es bereits später Nachmittag war und das Licht von strahlend zu milde wechselte, erschienen die Kontraste wie mit Messern eingeritzt, die Wasser des Meeres lagen in tiefem Ultramarine. Jedes Meer, an dessen Ufer ich stand, hatte seine besondere, ihm eigene Farbe; das Mittelmeer strahlend, fröhlich, verspielt, die Adria erschien mir in einem intensiven, würdevollen Blau, das Mare Tirreno war mir hell, licht und sonnendurchleuchtet, der Atlantik von dunklem Grün, wild und aufbrausend. Doch unbeschreiblich und einzigartig ist die Farbe des Marmarameeres. Das Dunkel des Schwarzen Meeres strömt durch den engen Kanal des Bosporus, streichelt die Erde zweier Kontinente, vermischt sich mit dem Wasser des Marmarabeckens und ergießt sich dann durch die Dardanellen ins Weite des Mare Mediterrane. Wind und Sonne, Licht und Schatten tragen ihren Teil dazu bei und so entsteht ein ständig wechselndes Farbenspiel von unglaublicher Schönheit. Hier waren einst Jason und die Argonauten mit der Argo, auf der Suche nach dem Goldenen Vlies, todesmutig durch die Symplegaden, die wandernden Felseninseln, die am Ausgang der Meeresenge bei heftigem Wind alles zermalmend aneinanderstoßen, gesegelt. Euphemos, ein Sohn des Poseidon, der auf dem Wasser gehen konnte, ließ eine Taube frei, die zwischen den Felsen hindurchflog. Als diese hinter ihr zusammenschlugen, legten sich die Ruderer ins Zeug, um die Stelle zu passieren, während die Felsen sich wieder teilten. Doch eine mächtige Welle hielt sie auf und hätte nicht Athene, unter deren Schutz sie standen, dem Schiff einen Stoß versetzt, wären sie verloren gewesen. Von diesem Tag an blieb die Meerenge für immer offen und die Helden segelten weiter über das Euxinische Meer nach Kolchis, um König Aietes das Vlies zu rauben, und denkt ja nicht, dass sie nach vollführter Tat Gewissensbisse hatten, oh nein. Herakles, der mit der übermenschlichen Kraft den Riesen Arktonnesos niederrang, Orpheus, der mit seinem Gesang die Wellen besänftigte, Zetes und Kalaïs, die geflügelten Söhne des Boreas, die imstande waren die Harpyien zu vertreiben, und Jason selbst, der es verstand, Medea für sich zu gewinnen, all diese Helden besaßen besondere Eigenschaften, aber Skrupel, Rücksicht oder Mitleid, das besaßen sie nicht, doch wollen wir's ihnen nachsehen, die Zeiten waren ja auch nicht danach. Und immerhin waren sie die ersten Fernfahrer der Geschichte und somit also Kollegen.

Gegen Abend steuerten Max und ich das Londra-Camp an. Ein riesiger Lkw-Park am Rande Istanbuls gelegen, dort gab es alles, was für uns Fernfahrer wichtig war. Eine Reparaturwerkstatt für etwaige Probleme an der Mechanik, Duschen und saubere Toilettenanlagen, Telefon und Fax sowie ein Restaurant und nicht zuletzt eine Bierkneipe für etwaige Schäden an der psychischen Verfassung.

Nachdem wir unsere Wagen geparkt hatten, nach Dusche und Abendtoilette, Max zog ein neues T-Shirt an, das genauso schwarz war wie das alte, zogen wir los.

»Jez gomer äbis go frassä und nachanne eis go ziä! (Jetzt gehen wir etwas essen und nachher einen trinken!)«, brummte Max und stapfte in Richtung Restaurant, wo wir dann heftig zuschlugen. Max beim Essen zuzusehen war eine besondere Attraktion. Nicht nur, dass er ungeheure Mengen im Rekordtempo verschlang, auch die Art und Weise, wie er das bewerkstelligte, war sehenswert. Er häufte sich den Teller dermaßen voll, dass die Hälfte davon auf dem Tisch dekorativ verstreut wurde; was nicht auf oder unter dem Tisch landete, war dann anschließend in seinem Bart und auf seinem T-Shirt zu besichtigen. So konnte man sich den Blick in die Speisekarte ersparen und wusste immer gleich, was es zu essen gab. Max war ein Kauz, aber ein liebenswerter, seine ganze Lebensführung war mehr oder weniger chaotisch. Er besaß keine Wohnung mehr, da er in seinem Lastwagen lebte. Alles, was er zum Leben brauchte, und das war nicht viel, hatte er dabei. Sein Führerhaus war vollgestopft mit seinem Hab und Gut. Er schlief im unteren Bett, das obere war sein Warenlager, dort bewahrte er seine Kleider, sein Waschzeug, seine Schuhe und seine alkoholischen Getränke auf. Und mittendrin in diesem bunten Sammelsurium lagen sein Werkzeugkasten und seine Schneeketten.

Damit sie es schön warm hatten und nicht rosteten.

Jetzt hatte er bereits eine Flasche Wein geleert, auch bei dieser Sache legte er ein zügiges Tempo vor, und war nicht mehr dazu zu bewegen, sich von seinem Stuhl zu erheben. Doch es war noch früh am Abend und ich wollte in die Stadt, also schloss ich mich zwei deutschen Kollegen an, die mir in den höchsten Tönen vom Red-Light-Distrikt Istanbuls vorgeschwärmt hatten. Ich wusste gar nicht, dass es so was hier gab, und wollte mir das unbedingt ansehen. Also nahmen Gerd, Wolfgang und ich ein Taxi und stürzten uns ins Stambuler Nachtleben. Istanbul, größte Stadt der Türkei, ein Moloch, Metropole dreier Weltreiche, einst lebten hier Griechen, Römer, Byzantiner, Osmanen und nun Türken. 12,8 Millionen Menschen, ein farbiges Gewusel und Gewimmel, Stöckelschuhe und Gesichtsschleier, protzige Cadillacs und arme Fischer, die ihren spärlichen Fang auf der Galatabrücke verkauften, Antike und Moderne gehen hier Hand in Hand. Unser Taxi überquerte das Goldene Horn, zu byzantinischer Zeit der wichtigste Hafen der Stadt. Ein Wall entlang der Ufer sicherte das damalige Zentrum vor Seeangriffen, an der Einfahrt versperrte eine große, eiserne Kette die Zufahrt. Wir erreichten den Stadtteil Pera. Der Fahrer setzte uns in einer dunklen Straße ab, wir standen vor einer langen grauen Mauer.

»Und was jetzt?«, wollte ich wissen.

»Keine Bange«, antwortete Gerd mit Verschwörerlächeln, »komm mir einfach hinterher, da vorne muss der Eingang sein.«

Und tatsächlich, von einer nackten, Fliegen geschwärzten Glühbirne nur spärlich beleuchtet, war dort ein Einlass in der Mauer. An einem wackligen Holztisch saß ein Gendarm und beäugte uns misstrauisch.

»Aha, der will jetzt sicher Bakschisch!«, entfuhr es mir.

»Ach was, der schaut sich nur die Leute an, ist einer zu besoffen oder total abgerissen, dann lässt er ihn nicht rein, für uns besteht da überhaupt kein Problem.«

So betraten wir unbehelligt das Gelände oder soll ich besser sagen den Harem von Tausendundeiner Nacht. Eine schmale Straße führte vom Tor weg ins Innere des

Serails, rechts und links gesäumt von mehrstöckigen Häusern, in deren Fenster rotes, gedämpftes Licht verlockend schimmerte. Durch kordelverhangene Türen drang milder Schein heraus auf die Veranden, wo auf Kissen und Teppichen, auf Korbstühlen und Matratzen wie hingegossen die Frauen und Mädchen saßen und uns einladend zuwinkten. Gruppen von Männern schlenderten betont lässig die Straße auf und ab, es herrschte reger Betrieb. Die meisten der Mädchen waren jung und ausgesprochen hübsch, mit feurigen Blicken und obszönen Gesten versuchten einige die Freier zu locken, während andere völlig teilnahmslos mit gesenkten Lidern saßen.

Gerd haute mir auf die Schulter.

»Na, was sagst du, hab ich zu viel versprochen! Hör zu, wir treffen uns in einer Stunde da drüben in der Kneipe wieder.«

Damit verschwand er in einem der Häuser und auch Wolfgang war nicht mehr zu sehen.

Tja, da stand ich nun, um mich herum brodelte die Nacht, angetrunkene Männer rempelten mich im Vorbeigehen an, auf der Veranda direkt vor mir öffnete eine ältere Hure die Bluse, um mir ihre Brüste zu zeigen, mit einer Hand fasste sie sich in den Schritt und rief mir etwas zu. Irgendwie war mir das peinlich und ich drehte mich weg. Im Weggehen hörte ich, wie sie einen wüsten Schwall an Beschimpfungen über mich ergoss. Die Straße weiter unten war kaum noch beleuchtet, dort waren auf einer Veranda mehrere ungeheuer fette Frauen zu sehen, die meisten hatten Brüste wie Melonen, Fettschwarten um Bauch und Hüften sowie mächtige, ausladende Hinterteile. Ihre Gesichter waren allesamt verschleiert und gerade vielleicht deswegen war der Andrang vor diesem Haus am größten, doch waren hier ausschließlich türkische Männer anzutreffen. Und auch hier Obszönitäten sowie völlige Apathie. Ich ging zurück zu der Bar und setzte mich mit einem Bier an einen Tisch, hier, so hatte ich beschlossen, wollte ich auf die anderen beiden warten, auf ein erotisches Abenteuer war mir die Lust vergangen, denn von vielem konnte man hier sprechen, doch sicher nicht von Erotik. An der Bar stand ein Kerl, der mich nicht aus den Augen ließ, er steckte sich eine Zigarette an, nahm sein Glas vom Tresen, schlenderte auf meinen Tisch zu und setzte sich mir gegenüber. Er war mittelgroß, doch kräftig, ein dichter Schnauzbart bedeckte seine Oberlippe, sein schwarzes Haar war nach hinten gekämmt, um seinen Hals trug er eine Goldkette, aus seinem halb geöffneten Seidenhemd quollen schwarze Brusthaare, ein protziger Ring schmückte seine rechte Hand.

»Allman, Allman.«

Ich nickte.

»Was machst du hier?«, fragte er auf Deutsch.

»Ich warte auf meine Freunde.«

»Deine Freunde, ah, sind bei Frau, du nicht, warum?«

Mittlerweile hatten sich zwei andere Kerle hinter ihm aufgebaut und sahen irgendwie unfreundlich aus.

»Mir ist heute nicht danach«, sagte ich und sah sofort, dass ihm diese Antwort nicht passte.

»Ich habe gesehen dein Gesicht, türkische Frau nicht gut genug für Allman.« Seine Augen waren Schlitze.

Ich sah mich vorsichtig um, doch von Gerd und Wolfgang keine Spur. Das war jetzt übel.

»Türkische Frauen sind sehr schön, ich komme an einem anderen Tag.« Aber natürlich wusste ich, dass er wusste, dass ich log.

»Kein anderer Tag, heute ist Tag, sonst viel Problem.« Die drei umstanden mich wie ein Tribunal, ich war eindeutig in der Klemme.

»Na, so was«, dachte ich, »jetzt werde ich hier glattweg zum Geschlechtsverkehr gezwungen.«

Er stand auf.

»Komm, ich geben Frau.«

Jetzt fühlte der sich doch tatsächlich in seinem Stolz verletzt und wollte mich unbedingt von der Qualität seiner Frauen überzeugen. Was blieb mir übrig, ich ging hinterher, die beiden anderen im Nacken, bei einer der Veranden blieb er stehen. Auf seinen Wink hin stand eine zierliche Rothaarige auf und kam auf uns zu. Er schob sie mir ihn den Arm.

»Du wirst sehen, große Klasse, Extraklasse.« Er grinste und gab der Frau einen Wink, mich mit nach oben zu nehmen, er machte sich nicht einmal die Mühe, ihren Namen zu nennen.

Ich ging hinter ihr her die ausgetretenen Treppenstufen hinauf, oben betraten wir einen dunklen Flur, von dem aus mehrere Türen in die Zimmer führten. Die Frau öffnete eine und wir traten ein. Ein nackter, kahler Raum mit nichts weiter als einem eisernen Bettgestell mit einer schmuddeligen Matratze. Bevor ich die Tür schloss, drehte ich mich um und sah, dass der Kerl draußen auf dem Flur stand und eine Zigarette rauchte. Die Frau zog sich sofort ihr Kleid über den Kopf, entledigte sich ihres Slips und legte sich nackt mit gespreizten Beinen auf die

Fetzenmatratze. Wie anregend, sie war sehr mager und ihre Brüste waren spitz, ich schätzte sie höchstens auf 18 Jahre, und wie sie so dalag, so teilnahmslos und schicksalsergeben, war es ein trauriger, ein entwürdigender Anblick. Mit Gesten gab ich ihr zu verstehen, dass sie sich wieder ankleiden solle, da ich nichts von ihr wollte. Doch dadurch geriet sie vollkommen außer sich, sie überschüttete mich mit einem geflüsterten Wortschwall und versuchte mich am Arm aufs Bett zu ziehen. Mit ein paar Brocken Englisch und mit Gestik erklärte sie mir, dass der Kerl draußen vor der Tür sie schlagen würde, wenn ich sie abwies, und als sie sich umdrehte und mir ihren Rücken darbot, verstand ich. Ihre Schulterblätter waren übersät mit Striemen. Immer wieder zeigte sie auf die Tür und gab mir zu verstehen, dass der Kerl draußen lauschte.

»Na gut«, dachte ich, »aber so schlau wie der bin ich schon lange.«

Ich bedeutete ihr zu schweigen und begann dann damit rhythmisch an dem Bettgestell zu rütteln, das war sicher draußen zu hören und der Mistkerl hatte seine Satisfaktion. Sie verstand sofort und machte mit, zusätzlich stöhnte sie noch lauthals. Es war eine absolut unwirkliche Situation, da saß ich mit einer nackten Prostituierten in einem schäbigen Zimmer und rüttelte an einem Bettgestell, während die Frau dazu stöhnte. Es war einfach vollkommen surreal, und hätte ich nicht die Furcht in ihren Augen gesehen, so hätte ich laut losgelacht.

Nach einer angemessenen Weile zog sie sich dann an und wir verließen das Zimmer, sofort hatte ich den Kerl an meiner Seite.

»Gut Frau, gut?«, wollte er wissen.

»Sehr gut, Extraklasse«, antwortete ich und pries das Mädchen in den höchsten Tönen, was ihn offensichtlich mit Zufriedenheit erfüllte, denn als ich bezahlen wollte, lehnte er ab und erklärte mir, dass er mir nun bewiesen hätte, dass türkische Frauen die besten der Welt seien und ich solle nicht mehr so hochmütig auf sie herabschauen. So schieden wir voneinander und ich machte mich schleunigst aus dem Staub in der berechtigten Hoffnung, dass die Frau für diesen Tag von Schlägen verschont bleiben würde.

***

Am nächsten Tag schmiss mich Max um 5 Uhr morgens aus der Koje. Mit seinen mächtigen Pranken wummerte er gegen die Tür des MAN, dass ich dachte, ein Erdbeben sei über uns hereingebrochen.

»Daagwach, Daagwach«, brüllte er, »dä früä Vogel fängt dä Wurm!«

Also wusch ich mir den Schlaf aus den Augen. Nach einem schnellen Kaffee und noch bevor ich richtig wach war, fand ich mich hinter Max' Mercedes auf der Brücke, die Europa mit Asien verbindet. Unter uns – der Bosporus.

Dessen Name geht auf eine alte Legende zurück. Zeus hatte, wieder einmal, Sex mit einer wunderschönen Frau. Seine Gattin war darüber so erzürnt, dass sie die Geliebte ihres Mannes in eine Kuh (Bous) verwandelte und sie zusätzlich von einer penetranten Schmeißfliege quälen ließ. Auf ihrer Flucht vor der Fliege sprang die Kuh über

27

das Meer (Poros), und von da an hieß diese Meeresenge Bosporus. Doch jetzt wehte eine kühle Brise vom Wasser herauf, der Morgen war noch jung und unverbraucht und am Himmel verblassten die letzten Sterne. Hinter uns verschwanden die Paläste und Minarette der Stadt und das weite sonnige Land empfing uns mit offenen Armen. Bei all meinen Fahrten mit dem Fernlaster habe ich diese Momente am meisten genossen und sie immer als etwas ganz Besonderes empfunden. Wenn sich vor einem das weite Land öffnet, die Landschaft noch von Morgennebeln traumverhangen ist, wenn der neue Tag zaghaft beginnt, vorwärts zu schreiten, die ersten Vögel ihre Schlafplätze in den Bäumen verlassen, aufgescheucht durch das monotone Brummen des Dieselmotors, die reine, noch jungfräuliche Morgenluft zum heruntergelassenen Fenster hereinweht und dann der rote, so herrlich anzusehende Feuerball der Sonne sich über den Rand des Horizonts schiebt, der Welt einen wunderschönen Tag verheißend, dann habe ich mich immer frei gefühlt, unangreifbar, war mit mir und der Welt im Reinen. Ein unbeschreibliches Gefühl der Gelassenheit erfüllte mich, so müssen sich auch die Seeleute fühlen, wenn sie in gleißendem Morgenlicht übers Meer gleiten. Sollen die anderen doch in dunklen, staubgeschwängerten Fabrikhallen verschwinden, wo der stählerne Puls der Maschinen ihnen das wahre Leben aus den Leibern hämmert, wir jedoch, wir atmen Freiheit und Licht.

Zur linken Hand grüßte schimmernd das Marmarameer, ein leichter Wind wehte die salzige Luft zu uns herüber, bis uns die Straße dann bei Izmit ins wahre Herz der Türkei führte. Von nun an ging's stetig bergauf, sacht geschwungene Hügel, weiche Linien, hier nun herrschte die Dominanz des Löwenzahns, ein strahlend gelber Teppich überzog die Wiesen so weit das Auge reichte. Wir fuhren auf den Bolu zu, den ersten der unzähligen Pässe, die es zu überqueren galt. Hier unten brannte noch die Sonne, doch weiter oben hatte der Berg sein Haupt in Wolken gehüllt und auf halbem Weg fielen die ersten Regentropfen. Mit einem Schlag wurde es Nacht und der Regen prasselte auf meine Windschutzscheibe, dass ich kaum noch das Rücklicht von Max' Mercedes erkennen konnte. Es war wie in einer Autowaschanlage. Ein wütender Wind riss und zerrte an meiner Plane und schüttelte den Auflieger mit Macht. So krochen wir mit 40 bis 50 Sachen den Pass hinauf, überquerten ihn, indes die Wassermassen auf uns niederströmten und der Wind Steine und Dreck von den Hängen auf uns spuckte. Immer wieder mussten wir vollkommen überladene türkische Kleintransporter überholen, die mehr in der Steigung standen, als dass sie fuhren. Doch dann, mit einem Schlag war der Spuk vorbei, Wind und Regen blieben zurück, die Sonne schien wieder und an den Hängen rechts und links der Straße hingen weiße überdimensionale Nebelwattebäusche wie herabgesunkene Wolken, die Landschaft glänzte frisch gewaschen und jungfräulich. Der erdige Geruch der Berge wehte zum Fenster herein und das Gras der Wiesen schimmerte wie poliert. Regentropfen glitzerten auf den Ästen der Bäume. Die Sonne ließ die Straße funkeln wie ein mit Diamanten besetztes Band, Dampf stieg auf vom Asphalt. Max schien davon wenig beeindruckt, er fuhr rechts ran, sprang aus dem Lkw und drohte dem Bolu mit der Faust.

»Du Hureschießpass, mit mir nöht, mit mir nöht! (Du Hurenscheißpass, mit mir nicht, mit mir nicht!)« Na ja, wie gesagt, Max war ein Kauz.

Nun ging's bergab, kilometerweit lief die Straße in engen Serpentinen den Hang hinab. Ein paar Hundert Meter weiter unten war es bereits trocken und der heftige Wind hatte die Nebelschwaden in die Seitentäler getrieben und für freie Sicht gesorgt. Es ging jetzt steil nach unten. Ich hatte in die kleine Gruppe geschaltet, und da ich ja wenig Gewicht hatte, konnte die Motorbremse wunderbar das Tempo halten. Max hatte eine Telma, deren vier Magneten direkt an der Kardanwelle bremst, und somit auch keinen Stress. Nur direkt vor einer Haarnadelkurve mussten wir kurz die Fußbremse benutzen. Somit bestand keinerlei Gefahr, dass unsere Bremsen überhitzten. Nicht so bei unseren türkischen Kollegen. Bergauf hatten wir ja einige von ihnen überholt. Alte, verbeulte Solo-12-Tonner der Marke Ford, hoffnungslos überladen, um die Fuhre einigermaßen rentabel zu machen. Oft hing die Ladung weit über die Bordwände, die Plane, wenn überhaupt eine da war, schief darübergezogen, alles abenteuerlich mit Stricken und Seilen verzurrt. Die Lkws waren meist in erbärmlichem technischen Zustand, die Reifen völlig abgefahren, die Fahrer vollkommen übermüdet. Kontrolliert wurden sie kaum, da die Polizisten wussten, dass sie sowieso kein Geld hatten, bei ihnen nichts zu holen war, auch nicht der kleinste Bakschisch. So krochen sie im Schneckentempo mit röhrenden Motoren und eingehüllt in schwarze Dieselqualmwolken den Anstieg hinauf. Wenn wir sie dann mit unseren, aus ihrer Sicht, Hightechfahrzeugen locker stehen ließen, wurden wir mit Flüchen und Beschimpfungen zur Hölle gewünscht. Bergab löste sich dann der aufgestaute Frust und sie wurden mutig, ließen es laufen, geradezu halsbrecherisch rasten sie nach unten. Bis dann die Kurven kamen und sie in die Eisen mussten, die nun, aufgrund der extremen Fahrweise und des viel zu hohen Gewichts durch die Überladung, sehr, sehr heiß wurden. Horrorunfälle waren die Folge, in so mancher Kurve lag das Gerippe, die Überreste eines havarierten Lasters, der es nicht geschafft hatte. Was aber keinen der nachfolgenden davon abhielt, den Hang hinunterzufliegen, manche nahmen sogar den Gang raus und ließen dann einfach rollen, um teuren Sprit zu sparen. Somit war die Bremswirkung des Motors nicht mehr vorhanden, und wenn dann die Bremsen glühten, war's vorbei. So kam es auch diesmal. Max und ich hatten noch nicht mal die Hälfte der Abfahrt hinter uns gebracht, da kamen sie angeflogen. Wie wütende Hummeln röhrten sie ins Tal. Die überlasteten Stoßdämpfer schaukelten die Gefährte in beängstigende Schräglagen, die Aufbauten taumelten wie Schiffe bei Seegang. Die Luft roch scharf nach Abrieb und bei den meisten erglühten die Bremstrommeln schon in einem hellen Rot. Gegenverkehr wurde angeblinkt und dann mit Millimeterabstand passiert. In einem längeren geraden Stück hatte ich plötzlich einen neben mir. Ich erinnere mich noch genau an seine schwarzen Haare und den dunklen Stoppelbart, an seinen Bewegungen konnte ich erkennen, dass er bereits mit dem Bremspedal pumpte. Es war nur ein kurzer Blick, den er mir zuwarf und ich die Panik in seinen Augen sah, dann war er vorbei. Max, hundert Meter vor mir, durchfuhr die vor uns liegende Serpentine, auf die der Türke viel zu schnell zuschoss.

»Das geht nicht gut, das schafft der nie!«, entfuhr es mir und ich drosselte vorsichtshalber das Tempo noch mehr. Der Ford schlingerte in die Kurve und für einen Wimpernschlag war alles in der Schwebe, alles war für Sekundenbruchteile wie angehalten, erstarrt. Dann neigte sich der Lkw ins Kurveninnere, die Fliehkräfte zogen nach außen, die zu hoch aufgestapelten Säcke verrutschten nach rechts, schoben das Fahrzeug über den unbefestigten Straßenrand, wo es dann mit einem furchtbaren Geräusch gegen mehrere Felsblöcke krachte. Das Heck hob sich beim Aufprall, die Säcke schossen über das Führerhaus und begruben es unter sich. Dann war Stille. Ich hielt an, zitternd fummelte ich den Verbandskasten unter dem Sitz hervor und stieg aus. Mehrere Türken hatten es irgendwie geschafft anzuhalten und rannten zu dem Wrack. Als ich dort ankam, waren sie dabei, die Säcke vom zertrümmerten Führerhaus wegzuräumen. Ich wollte helfen, wurde aber angeschrien und weggedrängt. Verwundert stand ich da. Der Fahrer war sicher schwer verletzt, ich war der Einzige mit Verbandszeug und sie ließen mich nicht zu ihm hin. Einer der wohl mein Schweizer Kennzeichen gesehen hatte, drohte mir mit der Faust und brüllte auf Deutsch: »Verpiss dich, hau ab, wir wollen dich nicht hier!«

Max, der weiter vorne gestoppt hatte und in diesem Moment, ebenfalls mit Verbandskasten, dazukam, spukte auf den Boden und knurrte: »Hure Hawaschä, diä hasset üs, chumm mir vereiset (die hassen uns, komm wir fahren)!«

So fuhren wir weiter, sie wollten unsere Hilfe nicht. War es Stolz oder war es Hass, wie Max meinte, Hass, der aus Neid resultiert, Neid, weil wir aus ihrer Sicht reich waren, in der besseren Lebenslage? Erzeugte unser, nicht von uns selbst geschaffener Wohlstand ihren Neid, sodass sie uns verdammten für etwas, das sie doch selbst auch anstrebten? Ich wurde nicht schlau daraus. Wird uns Mitteleuropäern in ärmeren Ländern unser Reichtum zum Fluch? Fast will es so scheinen.

Ankarakontroll kam als Nächstes und damit hatte es folgende Bewandtnis. Auf dem Durchfahrtsdokument war ein Stempelfeld für die Ankarakontroll vorgesehen, doch auch nach mehreren Türkei-Durchfahrten hatte ich die Kontrollstelle noch nicht gefunden. Normalerweise waren es kleine, gemauerte, fensterlose Häuschen mit einem TIR-Kontrollschild auf dem Dach, in dem ein einsamer Beamter an einem wackligen Holztisch, bewaffnet mit einem Stempel, gelangweilt sein Zigarettchen schmauchte, während auf einem kleinen Öfchen in der Mitte des Raumes der Teekessel vor sich hin dampfte. Kam dann ein ausländischer Lkw des Weges, war es des Fahrers erste unabänderliche Handlung, für Nachschub bei den Rauchwaren zu sorgen, das heißt, wer nicht in der Lage war, ihm ein Paket Marlboro oder Dunhill auf den abgewetzten Tisch zu legen, befand sich bezüglich des Passierstempels sogleich in arger Bedrängnis, will heißen, ohne Bakschisch ging gar nichts. Nun, wie gesagt, die Ankarakontrolle hatte ich nie gefunden, verpasst, übersehen, was auch immer. Und jedes Mal hatte ich am Grenzübergang Strafe bezahlt. Bis ich dann einmal, irgendwo im Nirgendwo, so 20 bis 30 Kilometer vor Ankara, glaubte, meinen Augen nicht trauen zu können, denn dort am Wegesrand stand ein brauner rostzerfressener Ford Transit und oben auf dem Dach prangte in weithin sichtbaren Buchstaben ein metergroßes Schild – TIR KONTROLL.

»Das gibt's doch nicht, das ist jetzt das, was man eine Fata Morgana nennt«, dachte ich, während ich hastig in die Eisen stieg. Ungläubig staunend stand ich dort am Wegesrand und überlegte.

»Vielleicht ist es ja eine Falle, ein Überfall, wenn ich aussteige, werde ich womöglich ausgeraubt!«

Während ich so zauderte, öffnete sich die Schiebetür und ein uniformierter Beamter erschien und winkte mir martialisch mit der Hand. Also schnappte ich mein Dokument und begab mich zum Ford, in dem der Zöllner saß und den Stempel schon bereithielt. Aber so weit waren wir noch lange nicht. Nachdem er seine obligate Schachtel Marlboro erhalten hatte, druckste er noch rum.

»Magasin, Magasin!« oder so ähnlich nuschelte er.

Ich tat das, was ich bei irgendwelchen Forderungen im Orient immer tat, ich stellte mich blöd.

»Häh?!«, grinste ich dümmlich und zuckte mit den Schultern, da wurde er lauter.

»Magasin, fiki, fiki, Magasin, Sex-Magasin!«, schnauzte er mich an.

»So, so, ein Pornoheft willst du von mir haben«, sagte ich, »ein Pornoheft, das euch ja eigentlich verboten ist, Sitte und Moral, du verstehst schon, aber gut, leider muss ich dich enttäuschen, ich habe keines, und selbst wenn ich eins hätte, würde ich es dir nicht geben, denn wie komme ich dazu, eure von euch doch so hochgehaltenen moralischen und religiösen Prinzipien zu unterminieren, indem ich mit pornografischen Schriften einreise und sie verteile, mich dann womöglich auch noch strafbar mache, hä!«

Natürlich hatte er kein Wort verstanden, war ja auch nicht beabsichtigt, er glotzte mich nur blöde an.

»*Yok* (nein) *Magasin*«, nölte er.

»*Yok* (nein) *Magasin*«, echote ich.

Das ging dann so fünf- bis sechsmal hin und her und keiner von uns kam mit seiner Sache weiter, aber gut, ich hatte vier Wochen Zeit für die Tour. Ueli Schürch, mein Chef, drückte mir jeweils bei Fahrtbeginn in Weinfelden 10 000 Schweizer Franken in Hunderterscheinen in die Hand und sagte: »Bis in vier Woche, bring mir de Lastwage wieder ganz hei.«

Nach einer halben Stunde hatten wir uns dann geeinigt, er, der Porno-Zöllner hatte aufgegeben und noch eine Schachtel Marlboro mehr, ich hatte meinen Stempel. Offenbar hatte er nun das Gefühl, der Pflicht wäre für diesen Tag Genüge getan, denn er schloss die Schiebetür, klappte das TIR-Schild ein, stieg in den Transit und fuhr unbekümmert in einer Staubwolke davon. Feierabend.

Hinter mir hielt mit kreischenden Bremsen ein deutscher Kollege, stieg aus und kam zu mir vor. Wehklagend hielt er sein Durchfahrtsdokument in die Höhe.

»Und wo krieg ich jetzt meinen Stempel her?!«

***

Max und ich hatten uns getrennt, unser Rhythmus passte einfach nicht zusammen. Max, der morgens um

5 Uhr aus dem Bett sprang, während ich mich gerade in der REM-Phase befand, der dann an meine Tür wummerte »Dagwach, Dagwach!«, dass mein Herz vor Schreck klapperte wie ein alter Auflieger, das konnte nicht gut gehen. Mir war's recht. Wenn ich nun morgens aufwachte, stand mein Schlepper einsam und verlassen auf dem riesigen TIR-Parkplatz, um mich war nichts als Staub und Stille, und während ich mir meinen Morgenkaffee braute, hatten meine Kollegen schon zig Kilometer gefressen. Ich liebte das, dieses morgendliche Ritual. Die Sonne hatte bereits einen guten Teil des Himmelsgewölbes erklommen, die Luft war noch frisch, der Platzwächter war zum Schlafen nach Hause gegangen, es war friedlich und ruhig. Ich klappte meinen Bordküchenkasten auf, warf den Gaskocher an, stellte den Topf mit Kaffeewasser auf, schnitt mir zwei Scheiben intensiv duftenden türkischen Brotes ab, packte den würzigen Ziegenkäse aus, streute Salz über die frisch aufgeschnittenen Tomaten, und wenn dann das kochende Wasser auf das Nescafé-Pulver zischte, der Geruch des Kaffees meine Sinne erweckte, dann war das der Höhepunkt des Zeremoniells. Heiß rann es in meine Kehle, das Brot tunkte ich ein und es war köstlich, der Käse zerging auf meiner Zunge, all das, das einfache Mahl, die Stille, der sanfte Wind, der den Platz streichelte, die frechen Spatzen, die mir Gesellschaft leisteten und sich an den Brotkrumen labten, all das war wenig und doch so viel, mit niemandem hätte ich in diesem Moment getauscht, mit keinem König.

So fuhr ich dann alleine meist bis tief in die Nacht, die Kollegen hatten mich zwar gewarnt: »Fahr nicht nachts, viel zu gefährlich!«, aber ich hatte keine Probleme damit, die Straßen waren frei, es war kaum Verkehr, die Luft war angenehm und meine Scheinwerfer und die Sterne leuchteten mir den Weg. So fuhr ich von Ankara nach Aksaray, vorbei am Tuz Golü, einem Binnensee, dessen Wasser im fahlen Mondlicht silbern schimmerte, überquerte das Taurusgebirge, passierte Tarsus und Adana, lenkte meinen MAN durch die spärlich erleuchteten nächtlichen Straßen von Gaziantep und Urfa in Richtung irakischer Grenze. Der letzte TIR-Parkplatz vor Habur Border war in Nusahin, von dort waren es nur noch wenige Kilometer bis in den Irak. Ich kam dort gegen 22 Uhr abends an. Da ich wusste, dass an der Grenze tagsüber die Hölle los war, gab ich dem Parkwächter ein ordentliches Trinkgeld mit der Bitte, mich morgens um 4 Uhr zu wecken. Ich wollte der Erste am Zoll sein und somit das morgendliche Chaos meiden. Nachdem ich noch zwei Flaschen Efes-Bier vernichtet hatte, fiel ich in einen herrlichen Schlaf, aus dem mich der Parkwächter dann unsanft aufschrecken ließ. Aber gut, das hatte ich ja gewollt. Nach einem schnellen Morgenkaffee fuhr ich los, am Himmel war die erste Ahnung der Morgenröte zu erkennen, die Luft war mild und weich wie Zuckerwatte, die Zweige der Krüppelkiefern entlang der nun sehr schmalen Straße wiegten sich wohlig im Wind, ein friedlicher Morgen. Noch war es dunkel, der Mond schickte sich an, über den Rand der Welt zu kippen, und der Geruch der Wiesen und Felder war so intensiv, dass mir war wie im Rausch.

»Das kann ja wohl nicht von den zwei Bieren kommen!«, dachte ich, als es neben mir knallte, die Druckwelle einer Explosion erschütterte meinen MAN und zwang mich zum Gegenlenken, unmittelbar darauf ertönte das Tak, Tak, Tak eines Maschinengewehrs. Im Scheinwerferlicht erkannte ich ein paar olivgrüne Gestalten, die hektisch aus den Büschen am Straßenrand gestürzt kamen. Es waren Soldaten, die allesamt mit MGs bewaffnet waren. Sie rannten direkt auf die Straße und zwangen mich zu einer Vollbremsung. Es waren vier. Der Letzte drehte sich um und schoss eine Salve in die Büsche – Tak, Tak, Tak. Mir ging der Arsch auf Grundeis, das könnt ihr mir glauben. Ich war in ein Gefecht zwischen der türkischen Armee und den aufständischen Kurden geraten, hatten die Kollegen mich nicht gewarnt: »Fahr nicht nachts«, warum hatte ich nicht auf sie gehört, jetzt war's zu spät zum Jammern. Die Soldaten verschwanden in den Büschen, der letzte hatte mir hektisch mit dem Arm gewinkt. »Hau ab, gib Fersengeld!« – was auch immer. Und das ließ ich mir nicht zweimal sagen. Ich drosch den Gang rein, dass mein Fullergetriebe vor Entsetzen aufkreischte, und trat das Gaspedal bis zur Bodenplatte durch. Der MAN schlingerte und schaukelte durch die Kurve, die Vorderräder krachten in die Schlaglöcher, dass mir fast das Lenkrad aus der Hand geschlagen wurde.

»Nur jetzt keinen Platten!«, war alles, was ich denken konnte. Hinter mir waren mehrere Explosionen zu hören und das MG-Feuer war jetzt permanent, und glaubt mir, es ist das hässlichste Geräusch, das man sich überhaupt vorstellen kann. Die Straße war jetzt etwas besser, immer noch kurvig und eng, aber es gab kaum noch Schlaglöcher. Ich fuhr wie eine gesengte Sau, ich dachte nichts mehr, ja ich glaube, ich atmete nicht einmal, war nur noch aufs Fahren konzentriert. »Weg hier, weg hier, weg!«

Ich schaltete das Licht aus, um kein Ziel zu bieten, doch es war noch zu dunkel, ich konnte die Straße kaum erkennen. Wäre ich liegen geblieben, wäre es vorbei gewesen! Also ging ich das Risiko ein und fuhr mit Licht. Mit eingezogenem Genick donnerte ich über die Piste, immer in der Erwartung, eine versprengte Kugel, einen Querschläger, zu erwischen. Natürlich war mir klar, dass weder die Armee noch die Kurden mit Absicht auf mich schießen würden, warum sollten sie auch, aber der Teufel ist ein Eichhörnchen, und zwar ein verflucht mobiles, oh Mann! Im Scheinwerfer tauchten ein paar Häuser auf, ein Dorf, Menschen, ich war gerettet. Im Dunkeln konnte ich die Kuppel einer Moschee und ein Minarett erkennen, ich fuhr direkt darauf zu, mit kreischenden Bremsen stoppte ich den Laster genau unterhalb des Minaretts, schaltete die Scheinwerfer aus und stellte den Motor ab. Die Ortschaft lag da wie verlassen, wahrscheinlich hatten sich die Bewohner in ihren Häusern verbarrikadiert, draußen tobte das Gefecht, Leuchtstreifen von Explosionen erhellten kurz den Himmel, das Stakkato der MGs entfernte sich mehr und mehr. Ich war sicher, im Schutze Allahs, kein Moslem würde es wagen, auf eine Moschee zu feuern – hoffte ich zumindest. Ich saß da und lauschte und plötzlich hörte ich das Aufheulen eines Motors, Sekunden später schoss ein Lkw auf den Dorfplatz und bremste hart genau neben mir.

»Aha«, dachte ich, »noch ein Frühaufsteher!«

Der Fahrer stellte den Motor ab, stieg aus und kam zu mir rüber.

»Du däutsch? – Himmel, Arsch, Kollega, sind die alle verrickt worden!«

So lernte ich Dimitri kennen. Er war Bulgare, sah irgendwie auch so aus, obwohl ich eigentlich so gar keine richtige Vorstellung von einem Bulgaren hatte, aber egal. Er war etwa so groß wie ich, aber wesentlich robuster, also breiter, ausladende Schultern, einen mächtig gewölbten Bauch, zwei muskulöse, tiefschwarz behaarte Arme, alles in allem eine wahrhaft herkulische Erscheinung. Man bekam instinktiv das Gefühl, dass die Luft vor ihm zurückwich, wenn er sich bewegte, eine sehr dominante körperliche Präsenz ging von ihm aus. Und nicht zuletzt von seinem martialischen Schnurrbart, der seine untere Gesichtshälfte verdeckte, doch seine Augen widersprachen dem allem, sie waren freundlich und warm.

»Ah, Deutscher, hast dich in Arme von Allah geflohen!«, grinste er und hielt mir eine Schachtel Marlboro hin. Ich nahm mir eine Zigarette und grinste zurück.

»Na ja, du doch auch, Bulgare.«

»Ach, du weißt, ich bin Kommunista, kommt nicht drauf an, hast du Hunger? Wir essen, dobra? Tamam? (Gut, in Ordnung?)«

Jetzt erst merkte ich, dass mir der Magen in den Kniekehlen hing. Vom Gefecht war nicht mehr allzu viel zu hören, nur noch ein vereinzeltes, sich entfernendes Tak, Tak, Tak.

So speisten wir erst mal, Dimitri hatte starken türkischen Kaffee gebraut, den wir schlürfend tranken, während wir zusahen, wie die Morgendämmerung am Himmel die Nacht vertrieb. Über uns knackte ein Lautsprecher, ein kräftiges Räuspern war zu hören und die Stimme des Muezzin erklang, fiel herab auf uns, wie ein warmer Regen, der uns aus der Erstarrung löste. Der rote Ball der Sonne erschien im Osten, so glühend und schön wie eine Liebesnacht.

»Komm, wir fahren, Revolution ist schlafen gegangen!«, lachte Dimitri.

***

Nach der Grenze beginnt die irakische Wüste. Staubig, flach, dreckig, reizlos, keine Dünen, in deren Wellen sich das Licht bricht, der Sand in lasziver Langsamkeit über die Kuppen rieselt, keine Dromedare, die im rötlichen Abendschein am Horizont entschwinden, nichts dergleichen. Nur der weiche, stinkende Teer einer in der mörderischen Sonne aufgeweichten Straße, die sich schnurgerade durch diesen sandigen Acker zieht, um dann irgendwann am Horizont zu verschwinden. Und natürlich Lkws, Türken, Rumänen, Bulgaren, Briten, Deutsche, Griechen, Dänen, alles vertreten, und mittendrin – ich, ich klebte am Heck von Dimitris DAF auf der Straße nach Mosul, alle ein bis zwei Kilometer türmten sich Sandsäcke am Straßenrand auf, stählerne Rohre ragten in den Himmel, Flugabwehrgeschosse, der Irak lag im Krieg mit dem Iran, doch Sadam Hussein ließ die Hauptverbindung nach Bagdad beschützen, damit seine Einkäufe sicher ankamen und das Rad des Wahnsinns sich weiter drehen konnte. Wir passierten Mosul und drangen weiter vor ins Herz des Landes von Euphrat und Tigris. Mein alter, schnaufender MAN 281 trug mich mitten hinein in die Wiege der Kultur, nach Bagdad, dessen Name übersetzt – Geschenk Gottes – bedeutet. Allerdings befand sich das Zollfreilager in Al Fallujah, einem Vorort vom »Geschenk Gottes«, ich war bereits mehrmals dort gewesen. Dimitri hatte mir versichert, er kenne eine Abkürzung.

»Du sehen, wir vor alle da!« Blöderweise, vielleicht lag's auch nur an der Hitze, man wird dann so ergeben, hatte ich mich darauf eingelassen.

Und so standen wir dann irgendwann spätnachmittags vor einer etwas, ich will's mal so ausdrücken, nicht sehr Vertrauen erweckenden Brücke. Geländer gab's keines, der Belag sah irgendwie morsch und aufgeweicht aus und die Pfeiler, die im Wasser standen, bröckelten resigniert vor sich hin. Aber, heilige Scheiße, die Pfeiler standen nicht einfach nur im Wasser, nein, die standen im Euphrat, direkt im Fluss der Sagen und Legenden, ich war vollkommen aufgewühlt und zitterte vor Ehrfurcht, war außer mir. Hier lebten einst die Sumerer, die ältesten Bewohner Südbabyloniens, das Volk des Landes Sumer, die Erfinder der Keilschrift und das drei Jahrtausende vor Christus unserm Herrn. Hier war die Wiege der Kultur, der Ursprung der Macht und Größe Babylons, hier lebte einst Gilgamesch, der König von Uruk, der zusammen mit seinem Kampfgenossen Enkidu den sumerischen Bergdämon Chuwawa, den Wächter des Zedernberglandes im Libanon, bekämpfte und den Himmelsstier tötete. Als Enkidu daraufhin starb, zog Gilgamesch über das ganze Erdenrund, um die Unsterblichkeit zu suchen. Auf der Insel der Seligen traf er Ziusutra, der nach der Sintflut, die er in einer Arche überlebt hatte, für die Rettung des Menschensamens von den Göttern als Belohnung das ewige Leben erhalten hatte. Auf seinen Rat hin holte Gilgamesch das Lebenskraut vom Grund des Meeres, doch kurz darauf wurde es ihm von einer Schlange geraubt. So wurde er belehrt, dass ewiges Leben den Göttern vorbehalten ist, den Menschen hingegen das unabänderliche Los des Todes zugeteilt ist. Im hohen Alter von 126 Jahren starb Gilgamesch. Na immerhin!

»Dimitri, Mann, alter Bulgare, weißt du nicht, was dieser Fluss alles gesehen hat? Hethiter, Babylon, Dreistromland!«, stammelte ich.

»Ach, weißt du, ich Kommunist, für mich egal, komm wir fahren.«

Na gut, mit »mir egal« kommt man auch durch Leben. Jetzt war's so, ich hatte, wie gesagt nur 10 Tonnen Leuchten geladen, war also relativ leicht, während Dimitri 24 Tonnen Maschinenteile geladen hatte, also relativ schwer war.

»Ich fahren zuerst, wenn hält, kommst du!«, sprach Dimitri.

»Ja gut, aber wenn es nicht hält, brichst du ein und ich stehe hier drüben und bin aufgeschmissen.«

»Also, was machen wir?«

»Hör zu!«, sagte ich. »Ich fahre als Erster, dann sehen wir, was die Brücke aushält, gibt sie bei mir schon nach, musst du dir einen anderen Weg suchen, aber wenigstens ist einer drüben.« War natürlich etwas berechnend von mir, aber da ich Dimitri blind gefolgt war, hatte ich keinen blassen Dunst mehr, wo wir uns befanden und hätte sicher so schnell nicht wieder zurückgefunden.

»Dobra, fahr.«

Also fuhr ich, ganz wohl war mir nicht dabei, langsam, im vierten Gang schlich ich über die Brücke, immer in Erwartung eines Krachens, Splitterns oder was auch immer. Ein leises Ächzen war zu hören, ein geduldiges Stöhnen, aber mehr nicht, alles ging gut, ich war drüben. Dann fuhr Dimitri los, viel zu schnell, er wollte es hinter sich bringen, ließ den DAF aufheulen und gab Gas, der Motor röhrte, der Auflieger girrte und die Brücke knirschte protestierend. Kurz bevor er drüben war, gab sie auf, mit einem dumpfen Schlag brach die Asphaltdecke ein und das Hinterteil des Aufliegers senkte sich bedrohlich gen Euphrat. Dimitri gab Vollgas und die Zugmaschine erreichte das trockene Land. Dann war Schluss. Das Hinterteil des Aufliegers steckte in der Brücke fest. Nicht sehr tief, aber doch eindeutig. Dimitri fluchte lange und ausdauernd auf Bulgarisch, während er mit Vollgas die Antriebsräder des DAF durchdrehen ließ. Aber außer Reifenabrieb, Gestank nach verbranntem Gummi und einer blaugrauen Wolke, die, ich will mal sagen, fast orakulös über dem Szenario schwebte, tat sich nicht sehr viel.

»Hör auf, das bringt nichts!«, rief ich in den Lärm.

Dimitri stieg aus und kratzte sich nervös den Bart. Wir hatten auch allen Grund, nervös zu sein, denn mittlerweile hatten wir Zuschauer bekommen, von den umliegenden Wohnhäusern kamen heftig gestikulierend Scharen von Irakern angelaufen. Immerhin hatten wir irakisches Staatseigentum beschädigt, womöglich nahmen die uns das krumm. Eile war jetzt geboten.

»Ich nehm das Abschleppseil und zieh dich raus.«

Also rangierte ich den MAN vor Dimitris DAF, dann schlangen wir das Seil um meine hintere Stoßstange, zu der ich vollstes Vertrauen hatte, befestigten das Seil am DAF, dann ging's los.

»Gib ordentlich Gas!«, schärfte ich Dimitri noch ein, sprang in meine Karre, hieb den zweiten Gang rein und zog an. Ich will's kurz machen, natürlich war es vollkommener Blödsinn, zu glauben, dass ein 281er mit 28 Tonnen einen 40-Tonner an der Stoßstange aus dem Dreck ziehen könnte. Aber Hektik und Eile sind eben immer schlechte Ratgeber. Und so kam's, wie's kommen musste. Es knirschte und wimmerte, dann ruckte es kurz, aber nachdrücklich und mit einem hässlichen Geräusch knallte meine Stoßstange auf die Kühlerfront des DAF. Peng!

»Und was machen wir jetzt?« Bedröppelt standen wir beide vor unseren Lkws. Dann flogen erste Steine, die Anwohner nahmen uns unter Beschuss, laut schreiend und aufgebracht kamen sie immer näher, jetzt wurde es wirklich eng. Irgendwie schienen die an ihrer Brücke zu hängen. War wohl 'n Erbstück. Dimitri und ich stellten uns hinter meinen Auflieger und waren zugegebenermaßen momentan etwas hilflos, als ein Armee-Jeep auf uns zugerast kam und in einer Staubwolke bremste. Ein Soldat sprang ab und brüllte etwas, wovon die wütende Menge keinerlei Notiz nahm, also entsicherte er sein MG und ballerte eine Salve in die Luft. Gleich wurde es ruhig. Sehr ruhig. Nachdem er sich die Sache angesehen hatte, erklärte er uns, dass die Brücke sowieso wegmusste, weil die Armee sie beschlagnahmt hatte, so oder so ähnlich, ich wurde nicht richtig schlau draus. Dann sprach er in sein Funkgerät und Minuten später rollte ein Panzer zur Brücke. Der Rest war völlig problemlos, ein paar Minuten später war der DAF frei. Allerdings war jetzt nicht nur die Brücke durch den Lkw, sondern auch die Straße durch die Panzerketten verwüstet. Unter dem Murren der Anwohner, das mit einer MG-Salve über ihre Köpfe beendet wurde, konnten wir unbehelligt von dannen ziehen. Mir fiel ein Stein vom Herzen. Vom Felsbrocken Dimitris will ich gar nicht reden.

In Fallujah trennten wir uns. Dimitri meldete sich bei seinem staatlichen Verzollungsbüro, von wo ihm natürlich mächtiger Ärger gedroht hätte, hätte man erfahren, dass er mit einem westlichen Kapitalisten zusammen gefahren war. So sagte er mir Adieu, wofür ich vollstes Verständnis hatte. »Ich Kommunist, für mich egal!«, bezog sich demnach nur auf Einzelpersonen, nicht aufs ganze System. Hatte ich wieder was gelernt. So machte ich mich alleine auf die Suche nach meinem Zollagenten, der war ja informiert, dass ich komme, somit würde es keine Probleme geben – dachte ich. Die einzelnen Spediteure hatten ihre Büros in Containern, die über den Zollhof wild verteilt standen, nach einer Stunde suchen und fragen hatte ich den meinigen gefunden. Leider war er abgeschlossen und vom zuständigen Agenten war weit und breit nichts zu sehen. Niemand wusste etwas über ihn, keiner hatte ihn gesehen, seit einer Woche nicht. Wunderbar, so hatte ich mir das vorgestellt. Sein Nachbar tröstete mich mit den Worten: »Er wird schon auftauchen, irgendwann. Inschallah.«

So Gott will, na ja, um es wieder kurz zu machen, nach drei Tagen kam er angewackelt. Drei Tage, in denen ich mich in der Kantine mit holländischem Oranjeboom Bier getröstet hatte, schlenderte er, die Aktenmappe wichtig unter den Arm geklemmt, ganz nonchalant auf den Container zu, schloss betont lässig die Türe auf und nahm schnaufend hinter dem Schreibtisch Platz. Er war ein mittelgroßer, feister Kerl mit einem enormen Schnauzer und ölig glänzendem, nach hinten gekämmtem Haar. Sein Hemd, das unter den Armen völlig durchgeschwitzt war, hing ihm wie ein nasser Sack an den Rippen. Er öffnete die Mappe, breitete verschiedene Papiere vor sich aus, nahm den Deckel von der Schreibmaschine ab, klappte die Schreibschatulle auf und entnahm ihr einen Füllfederhalter. Das alles geschah in lasziver Langsamkeit. Inschallah. Dann fixierte er mich mit starrem Blick und brachte seine Verwunderung zum Ausdruck, dass ich schon da wäre, wo er mich doch erst in einer Woche erwartete hätte und deshalb ein paar wohlverdiente freie Tage genossen hatte. Bei all dem Stress. Als ich ihm sagte, dass ich bereits seit drei Tagen auf ihn warten würde, grinste er nur dreckig und meinte dann, das sei doch wunderbar, so wäre ich wenigstens ausgeschlafen. Wütend warf ich das Carnet auf den Tisch und erklärte ihm, dass ich in der Kantine zu finden sei. Dann verließ ich den Container zügig, um nicht doch noch eine Dummheit zu machen. Manchmal bereute ich es schon, Fernfahrer geworden zu sein, doch meistens nicht lange, die guten, interessanten Seiten überwogen doch meist.

***

Zum Orientfahrer war ich gekommen wie die Jungfrau zum Kinde. Vor Jahren hatte ich den Führerschein gemacht, da ich das Gefühl hatte, auf der Stelle zu treten. Ich hatte damals eine anstrengende, monotone Arbeit angenommen. Ich war zertifizierter Suppenwürfelverpacker in der Schweizer Maggi-Niederlassung in Winterthur, nicht gerade das, was man als Traumjob bezeichnen würde. Das Ganze war ein Dauernachtschichtbetrieb, da in der Schweiz Nachtarbeit für Frauen verboten ist (Nach Anbruch der Dunkelheit hat das Schweizer weibliche Wesen bei Heim und Herd zu verweilen, schließlich wollen Mann und Kinder wohl versorgt sein!), müssen die Männer ran. Nun waren selbstredend die so wohlversorgten Männer keinesfalls bereit, sich die Nacht mit Arbeit um die Ohren zu schlagen, also mussten die Junggesellen dran glauben. Und so waren wir dann auch eine recht illustre Gruppe, die sich da nächtens mit dem Verpacken von Suppenwürfeln (der Fachausdruck wäre Brühwürfel) verlustierte. Conny, Peter, Maus, Gerd und Kim, alles gestandene Südstädtler. Da ich damals der Einzige mit einem halbwegs intakten Auto war, hielt ich es für eine prima Idee, eine Fahrgemeinschaft zu gründen, die Jungs fuhren alle bei mir mit, denn ich hatte einen geräumigen 220er Daimler, in dem alle Mann Platz fanden. Die Fahrtkosten würden aufgeteilt und ich war fein raus. Zumindest hatte ich mir das so vorgestellt, doch Wochen später war ich eines Besseren belehrt. Wir hatten einen Treffpunkt vereinbart, an dem ich jeden Abend die Truppe abholen sollte. Doch irgendwie funktionierte das nicht, wahrscheinlich hatten wir alle ein vollkommen unterschiedliches Zeitgefühl, immer fehlte einer, meistens mehrere. Wenn überhaupt mal einer dastand, war's der Maus, selten kam's auch vor, dass zwei warteten, drei war schon die Ausnahme. Jetzt war ich natürlich verpflichtet, alle mitzunehmen, moralisch, meine ich. Zweimal war ich, nachdem ich eine angemessene Zeit gewartet hatte, weitergefahren, um nicht zu spät zur Arbeit zu kommen. Bittere Vorwürfe musste ich über mich ergehen lassen, von unsozialem Verhalten war die Rede, von egoistischem Kleingeist und mangelnder Kameradschaft, ja sogar engstirniges Spießbürgertum wurde mir vorgeworfen. Also klapperte ich, nachdem am Treffpunkt wie immer nur Maus erschienen war, Abend für Abend verschiedene Kneipen, diverse, teilweise schon genervte (Jetzt kommt der schon wieder!) Freundinnen oder meist verlassene Wohnungen ab, mit dem Ergebnis, dass wir eigentlich immer zu spät zur Arbeit kamen, was die Kameraden dann auch noch auf mich schoben, indem sie erklärten, dass ich eben unzuverlässig sei und immer zu lange brauchen würde, bis ich alle eingesammelt hätte. Na ja. Zumindest war die Fahrt nach Winterthur immer sehr anregend, da wir uns ununterbrochen darüber stritten, wer denn nun die Schuld an der heutigen Verspätung trüge. Erst mal angekommen, war dann alles wieder in Butter und wir begannen zusammen mit mehreren Schweizer Junggesellen zügig unser Nachtwerk. Die Anlage war natürlich vollautomatisch. Die Rohmasse, die Rohwürze also, verströmte einen Geruch, den man sein Leben lang nicht vergisst, und gerade wir als Singener waren ja extrem vorbelastet, verteilt nicht auch unsere Maggi-Niederlassung diesen Duft bei Niederdruckwetter großzügig über die

Stadt, der Geruch unserer Jugend, für immer verbunden mit dem Gefühl der Heimat. Meines Großvaters Kleider rochen danach, wenn er von der Schicht kam, und an manchen Tagen konnte man es bis weit in den Hegau und bis zum Untersee riechen. Der Schichtleiter namens Rüäfli füllte die gläsernen Zylinder, die die Masse nach unten stampften, wo sie dann in Schienen weitergeschoben, von Lichtschranken regulierten mechanischen Geisterfingern zerhackt und proportioniert in Würfel geformt wurde, sodann in Sechserreihen zu Stangen aufgeteilt, in gelbes Alupapier eingeschlagen und zu einer Rutsche, die an einem schmalen Tisch endete, weiterbefördert wurde. Und an diesem Tisch saßen wir, die Junggesellen, je zwei, sich gegenüber. Rechts von uns das Förderband, links ein Karton mit leeren Faltschachteln, Griff nach links, Faltschachtel aufgeklappt, Griff nach vorne, sechs Stangen in die Schachtel geschoben, drei Lagen übereinander, Deckel zugeklappt, Griff nach rechts, Schachtel aufs Förderband – und wieder von vorne, die ganze Nacht, Monotonie im Mondenschein, nur dass der draußen war am Himmel und hier nur Neonlicht, grell, hell, Griff nach links, Griff nach rechts. *All night long.*

A workingclass hero is something to be.

Das Nervenaufreibendste war, wenn endlich eine Lichtschranke verschmutzt war und das Band stoppte, dann ging ein Schrei durchs Werkshallenrund: »Rüäfet ämol im Rüäfli! (Ruft mal den Rüäfli!)«, und schon erschien der wackre Vorarbeitersmann, schob sein zerfurchtes Nachtarbeitergesicht wissend über die sabotierende Übeltäterlichtschranke, schwang den Kuchenpinsel und weiter ging's im Würfeltakt, Griff nach links,

Griff nach rechts. Mein Gegenüber, ein gemütlicher Zürcher namens Frener, verstand es, seinen Rhythmus zu perfektionieren, er hatte so spätestens nach zwei Stunden die Augen geschlossen und absolvierte das Ritual im Halbschlaf, wenn es dann Zeit für die Mitternachtspause wurde, zog ich ihm einfach eine Stange aus seiner Sechserreihe und schlagartig war er wach, wir schlurften in Halbtrance zur Kantine, aßen etwas, an das wir uns morgens nicht mehr erinnern konnten und roboteten dann erneut. So um 4 Uhr morgens bewarfen wir uns gegenseitig mit Suppen, sorry, ich meine natürlich Brühwürfeln, um nicht zu kollabieren. So verrannen die Tage, irgendwas musste sich ändern, eine neue Perspektive sollte sich auftun.

Meine Freundin Daniela unterstützte mich und gab mir den nötigen Antrieb, den Schritt zum Führerschein zu wagen. Doch als ich die Prüfung im Sack hatte, wurde ich zurück auf den Boden der Tatsachen geholt. Niemand wollte mich einstellen. Ich klapperte alle ansässigen Speditionen ab und überall bekam ich denselben Satz zu hören: »Sammeln Sie erst einmal etwas Berufserfahrung, dann können Sie wiederkommen.«

Na bravo, wie denn zum Teufel sollte ich Berufserfahrung sammeln, wenn mich keiner einstellte und Berufserfahrung sammeln ließ! Es war ausweglos. Bis ich eines Morgens im Singener Wochenblatt eine Anzeige erspähte.

»Aushilfsfahrer für Tagestouren gesucht.«

Und zwar handelte es sich um einen Altpapierhändler, irgendwo im südlichen Industriegebiet der Stadt. Also rief ich dort an und erhielt die Auskunft, ich solle mich unverzüglich vorstellen, am besten noch am selben Tag. Die Stimme am Telefon klang irgendwie merkwürdig, so verwaschen, belegt, aber nicht unfreundlich. So schwang ich mich in meinen rostzerfressenen Daimler und fuhr hin. Kurz bevor ich in die Straße einbog, in der sich die Firma befand, krachte mir der Auspuff runter und schepperte funkenstiebend hinterher. Ein wunderbarer Einstand für ein Vorstellungsgespräch, da konnte mir ja nun nichts mehr passieren. Ich ließ die Karre stehen und ging die letzten Meter zu Fuß. Von außen sah die Firma normal aus. Eine große Halle mit einem Rolltor und hinten im Hof stapelten sich die Papierballen. Also klingelte ich, es vergingen ein paar Minuten, dann näherten sich schlurfende Schritte hinter der Tür, langsam öffnete sich das Tor und dann stand er vor mir, der Altpapierhändler, der Paperman. Eine kleine, gedrungene Gestalt, eingezwängt in eine braune abgeschabte Lederjacke, zugeknöpft bis zum Hals, um den er sich einen gestrickten Wollschal geschlungen hatte. (Es war Sommer, draußen hatte es so 34 Grad!) Weite abgewetzte Hosen schlackerten um sein mageres Gebein und an den Füßen trug er schief getretene, fleckige Filzlatschen. Sein Kopf, gekrönt von ein paar noch übrig gebliebenen, farblich undefinierbaren Haarbüscheln, saß irgendwie halslos auf dem Rumpf, wahrscheinlich lag's aber nur am Schal. Sein Gesicht mit den stark nach außen tretenden, wässrigen Augen war an den Wangen von vielen fein verästelten Adern durchzogen. Es war unverkennbar das Gesicht eines Trinkers. Die ganze Gestalt sah aus wie Ebenezer Scrooge, ihr wisst schon, der aus der Weihnachtsgeschichte. Und doch strahlte er etwas aus, eine Ruhe, eine selbstverständliche Gelassenheit, der ich mich nicht entziehen konnte. Er war mir auf Anhieb sympathisch, ich mochte ihn sofort. Und er mich allem Anschein nach auch. Nachdem er mich in sein Büro geführt hatte, bot er mir gleich einen Cognac an, kramte in einem heillosen Durcheinander von Papieren, Kartons, Katalogen, leeren Flaschen und sonstigem Krimskrams, eine halb volle Flasche Metaxa aus und schenkte zwei Gläser voll, die er ebenfalls längere Zeit geduldig gesucht hatte.

»Also«, sagte er dann, nachdem er sich hinter seinem Schreibtisch niedergelassen hatte, »Sie machen zwei Touren am Tag, eine nach Weinfelden im Thurgau und eine nach Niedergösgen im Aargau, beladen werden Sie von mir und abends gibt es 50 DM auf die Hand, ach so, morgen früh um 8 Uhr fangen Sie an.«

Das war's!

Als er mich dann nach draußen begleitete, hielt er mich kurz am Arm zurück und gab mir auf einem Zettel seine private Telefonnummer.

»Bevor Sie morgens zu Hause losfahren, rufen Sie mich an«, er senkte die Stimme und nuschelte, »damit ich rechtzeitig aus dem Bett komme.«

Und so verliefen die nächsten Monate. Bevor ich morgens losfuhr, rief ich Paperman an, der dann nach dem fünfzehnten Mal Klingeln: »Alles klar, ich komme gleich!«, krächzte und eine Weile später etwas verkatert an der Halle erschien, sich auf den Stapler schwang und meinen Hängerzug mit Altpapierballen belud, akribisch und professionell. Er hatte in verschiedenen Firmen Papierpressen stehen, die er dann tagsüber, wenn ich auf

Tour war, abfuhr, um die fertig gepressten Ballen ins Lager zu schaffen. Da er keinen Führerschein mehr besaß, erledigte er das mit dem Stapler, fuhr einfach kreuz und quer durchs Industriegebiet und manchmal sogar bis in die Innenstadt (der Stapler hatte keine Straßenzulassung, versteht sich). Abends saßen wir noch eine Weile zusammen im Lager, beim Cognac, und unterhielten uns über Gott und die Welt, bis er dann genug hatte und nach Hause ging. Morgens rief ich ihn wieder an. Bis auf eine kleine Zeitspanne, in der er die Nächte in der Strafanstalt verbringen musste. Irgendeine Kleinigkeit mit Steuern oder so. Nichts Wesentliches, nichts was der Rede wert wäre. Tagsüber durfte er seinem Gewerbe nachgehen, und da er sich um 20 Uhr im Gefängnis einfinden musste, war er ab Nachmittag sehr bemüht, seinen Pegel aufzufüllen, weil er im Gefängnis nichts bekam und die Nacht lang und voller Dämonen war. Wenn er morgens im Lager erschien, war er sehr übel gelaunt, doch niemals hat er mich schlecht behandelt, niemals war er ungerecht, immer habe ich pünktlich mein Geld bekommen, ohne Wenn und Aber, er hat stets meine Arbeit geachtet. Manch einer von den vor Überheblichkeit, Geldgier und Selbstüberschätzung aufgeblähten Nadelstreifen hätte sich ein Beispiel an ihm nehmen können, und wenn ich heute an ihn denke, habe ich immer eine kleine Träne im Auge. Bei meiner Tour nach Weinfelden fuhr ich oft an einer Spedition namens Aslan Trans vorbei, in deren Hof die abenteuerlichst anzusehenden Lkws standen, und auf Nachfrage erfuhr ich, dass die Firma ganz Europa und den Mittleren Osten befuhr. Also nahm ich mir eines Nachmittags ein Herz und stellte mich vor. Der Chef hieß Ueli Schürch und war ein sehr gelassener Schweizer. Als ich zugab, noch nicht allzu viel Erfahrung zu haben und beim Rückwärtsfahren mit Anhängern und dergleichen noch Probleme hätte, grunzte er nur: »Keis Problem, mir fahret hauptsächlich vorwärts.« Und stellte mich ein. So war's – und ich war Orientfahrer geworden.

***

Als die Zollformalitäten in Bagdad endlich erledigt waren, erhielt ich eine Abladeadresse außerhalb der Stadt an der Straße nach Kerbala. Es war ein großes, eingezäuntes Gelände, auf dem mehrere Lagerhallen standen. Als ich dort ankam, wurde ich schon erwartet, ein fetter pockennarbiger Kerl öffnete mir das Tor und winkte mich zu einer der Hallen, wo er mir bedeutete, den Auflieger rückwärts hineinzuschieben und die Seite zu öffnen. In der Halle war es schweineheiß, und bis ich die Plane oben hatte, war ich klatschnass. Blöderweise hatte ich vergessen Wasser zu kaufen und besaß nur noch eine halb volle Plastikflasche, die ich in einem Zug austrank. Und nun begann der Ärger. Der Pockennarbige, der nun, zusammen mit seinem Kollegen, im Zeitlupentempo anfing, den Lkw abzuladen, schielte immer häufiger zu mir herüber.

»Na klar, der will was, Bakschisch!«, dachte ich, aber da ich selber das meiste von Hand ablud, während er nur auf dem Stapler hockte, war ich keineswegs gewillt, irgendwas rauszurücken. Aber er wollte kein Geld, er wollte etwas zu trinken, immer wieder machte er das Zeichen mit der Hand und deutete auf meine Fahrerkabine, weil er dort einen Kühlschrank und somit kalte Getränke vermutete. Doch mit der Anwesenheit eines Kühlgerätes konnte ich nicht dienen, ich hatte keines, genauso wenig wie eine Klimaanlage. Wenn ich unterwegs eine kalte Wasserflasche gekauft hatte, wickelte ich sie in meinen Schlafsack, damit sie wenigstens eine kleine Weile kühl blieb, das war mein ganzer Luxus. Nun, das versuchte ich ihm zu erklären, mit Hand und Fuß sozusagen, doch er konnte oder wollte nicht kapieren, wurde immer zudringlicher und fing an, mich zu beschimpfen, weil er dachte, ich wolle nichts rausrücken. Selbst als ich die Fahrertür öffnete, um ihm zu zeigen, dass dort kein Kühlschrank war, ließ er sich nicht beirren, hatte sich total in den Gedanken verrannt, dass ich mit böser Absicht handelte. Auch der zweite wurde mürrisch und ungehalten, langsam wurde es brenzlig und ich beeilte mich, den Auflieger leer zu kriegen, hatte da so meine Vorahnungen, kannte mittlerweile die Mentalität der Jungs hier unten, war ja nun auch nicht auf der Brennsuppe hergeschwommen. Als ich die Plane zuzog und die Zollschnur einfädelte, tuschelten die beiden kurz, woraufhin Pocke die Halle verließ. Die führten was im Schilde, da war ich jetzt sicher. Betont nonchalant stieg ich ein, sicherte die Tür von innen und winkte durchs offene Fenster dem finstren Kollegen ein auf Nimmerwiedersehen zu, dann fuhr ich aus der Halle über den Platz aufs Tor zu. Das war, ich hatte es nicht anders erwartet, geschlossen und Pocke stand davor, hatte eine Eisenstange in der Hand und funkelte mich hasserfüllt an. Bad-Luck-Situation, oh, oh, im Rückspiegel sah ich, dass der zweite Kollege ebenfalls anrückte, bewaffnet mit einem Spaten oder dergleichen, die wollten mich echt aufmischen, das war mir klar. Das Merkwürdige aber war, dass ich keinerlei Angst oder Panik verspürte (ich hab' hinterher mächtig gezittert), doch jetzt, im Moment der Bedrohung, war ich ganz ruhig, ja groteskerweise sogar heiter, belustigt, wie er, Pocke, dort stand mit seiner Eisenstange, voller Wut, weil ihm ein Trunk versagt wurde, der Rächer der verweigerten Getränke, es war bizarr und doch real und bedrohlich. Nun galt es, zu handeln, sei's drum, das Tor war aus dünnen Metallrohren mit Maschendraht dazwischen, mein MAN hatte eine Stoßstange aus massivem Stahl, ich legte den vierten Gang ein und gab Gas im Leerlauf, als Warnung, Pocke drohte mit der Stange, blieb stehen, brüllte irgendwas, tobte, also fuhr ich los, schaltete hoch in die zweite Gruppe und beschleunigte, sah, wie Pocke zur Seite hechtete, und donnerte durch das Tor, das dem MAN keinerlei Widerstand entgegensetzte, die beiden Flügel schwangen zur Seite, als wären's Schwingtüren, und ich war draußen im Staub der Landstraße. Ade Freunde, sucht euch ein andres Opfer, ich bin keins!

Rückladung gab es keine, also machte ich mich auf den Rückweg, alles bestens, bis auf eine Kleinigkeit. Da ja Krieg herrschte und der Sprit für Panzer und andere kriegswichtige Fahrzeuge reserviert war, durften wir Fernfahrer nur alle drei Tage 150 Liter tanken. Das Datum wurde in den Fahrzeugpapieren vermerkt, sodass Betrügen unmöglich war. Dummerweise hatte ich, etwas abgelenkt durch das Gefecht in der Osttürkei, ihr erinnert euch, vergessen, vor dem Grenzübertritt noch vollzutanken und jetzt war mein Tank praktisch leer.

So fuhr ich zur nächsten Tankstelle, um meine 150 Liter abzuholen, von denen ich hoffte, dass sie bis in die Türkei reichen würden. Doch was für ein Anblick erwartete mich dort. Das Erdreich rund um die Zapfsäulen schimmerte dunkel im Sonnenlicht, sah aus wie mit schwarzem Lack überzogen, der Boden war durchtränkt von Diesel, es stank scharf und ätzend und der Tankwart watete regelrecht im Ölschlamm. Als er dann meinen Tankdeckel öffnete und den Schlauch einführte, wusste ich, warum. Der verdammte Schlauch war so spröde und rissig, dass der Kraftstoff rechts und links in die Gegend spritzte, von den 150 Litern gelangten höchstens 100 in den Tank, wenn überhaupt. Natürlich protestierte ich, schimpfte wie ein Rohrspatz und markierte den wilden Mann, was dem Iraker lediglich ein müdes Lächeln abrang und er grinsend meinte, ich solle mich halt bei Sadam Hussein beschweren, ich würde sicher gleich zu ihm vorgelassen, inschallah, vergaß er nicht hinzuzufügen. So rumpelte ich zähneknirschend los, versuchte so spritsparend wie nur möglich zu fahren, schaltete früh hoch, vermied hohe Drehzahlen, streichelte das Gaspedal so sanft, als wär's eine kapriziöse Geliebte, um die es immer wieder neu zu werben gilt. Doch wurde ich nicht erhört, kurz vor Mosul war der Tank auf Reserve und ich genervt. Ich fuhr an eine Tankstelle, stellte mich frech an die Zapfsäule, tat völlig unauffällig und teilnahmslos, doch umsonst, der Tankwart wollte erst meine Papiere sehen und verweigerte mir dann den Sprit. Nicht einmal mit einem Bakschisch war er zu erweichen.

»Komm in drei Tagen wieder!«, war alles, was ich aus ihm rauskriegte.

Jetzt war ich ratlos, wusste nicht so recht, was tun, Hunger hatte ich auch, ein leerer Magen ist immer ein schlechter Ratgeber, also ging ich erst mal essen in die nahe gelegene Karawanserei. Die war ein Mischding aus Bretterbude und Jurte, die Wände aus Holz, das Dach eine Zeltbahn, die mit Seilen am Boden verzurrt war. Seitlich stand ein windschiefes Ofenrohr ab, aus dem weißer Rauch quoll. Innen stand ein riesiger Tisch, an dem gut und gerne zwanzig Männer sitzen konnten, jetzt aber nur zwei schäbige Gestalten kauerten. Zwei lange hölzerne Bänke dienten als Sitzgelegenheit. Im durch einen schmuddeligen Vorhang abgetrennten Nebenraum stand eine Art Herd, auf dem ein dickwanstiger Kerl irgendetwas brutzelte. Das war also die Küche, aha! Ich setzte mich den Kerlen gegenüber auf die Bank, wo wir uns dann misstrauisch beäugten. Es waren türkische Lkw-Fahrer und recht abgerissen, sahen aus, als wären sie schon Monate unterwegs, beide unrasiert und in mehr oder weniger zerfetzte Lumpen gehüllt. Der ältere der beiden fixierte mich scheeläugig, während der zweite desinteressiert an mir vorbei das Zeltdach inspizierte. Der Wirt schlurfte in den Raum und stellte jedem von uns einen Napf mit Pilaw oder etwas in der Art auf den Tisch. Er hatte mich gar nicht gefragt, was ich wolle, und sicherlich gab's eh nichts anderes, so kostete ich es und siehe da – es mundete vorzüglich. Andächtig leerte ich meinen Napf und schlürfte heißen Tee dazu. Gleich ging's mir besser und mein Hirn brodelte, wäre doch gelacht, wenn ich hier nicht wegkäme, dachte ich. Vielleicht konnten mir die beiden Galgenvögel weiterhelfen, die meisten von denen mauschelten irgendwie irgendwas, wäre kein Wunder, wenn die noch einen Ersatzkanister gebunkert hätten. Also machte ich ihnen das mit Gesten verständlich und nach etwas Hin und Her hatte der Alte verstanden, was ich wollte. Und mit seitwärts geneigtem Kopf deutete er an, dass da was zu machen wäre.

»Na also«, frohlockte ich, »hab ich wieder den richtigen Riecher gehabt.« Innerlich rieb ich mir schon mal die Hände. Doch nun ging's um den Preis, 50 Liter konnte er mir abtreten und nach kurzem Überlegen nannte er mir den Preis: 100 DM.

Das war unverschämt, ich lachte laut auf und zeigte ihm empört den Stinkefinger. Okay, war dumm von mir, ist mir halt so rausgerutscht, reiner Reflex. Doch jetzt hatte ich ein Problem mehr! Der Kerl nahm das total übel, sein Gesicht verfinsterte sich und Zornesröte kroch seinen Hals hinauf, ergoss sich über seine Wangen. Er zischte etwas auf Türkisch – und eines könnt ihr mir glauben, freundlich war das nicht. Dann schlug er seine Jacke zurück und zeigte mir den Schaft eines Messers, wobei er sich mit dem Daumen über die Kehle fuhr und dann auf mich zeigte. Klasse! Hatte ich mich mal wieder in eine dämliche Situation manövriert. So saßen wir dann ein halbes Stündchen und keiner machte Anstalten, sich zu rühren; dass die Drohung ernst gemeint war, daran bestand kein Zweifel, mehrmals hatte der Alte sie wiederholt. Die waren aber auch nachtragend hier! Solange ich im Raum blieb, war ich sicher, in Anwesenheit des Wirtes konnten sie nicht zur Tat schreiten. Ich überlegte hin und her: »Zur Tür waren es nur ein paar Meter, wäre ich erst draußen, könnte ich mit einem Spurt den MAN erreichen. Der Alte ist sicher nicht sehr schnell, aber da ist ja auch noch der Junge, und außerdem, bis ich den Schlüssel im Schloss und die Tür aufgerissen hätte, steckte mit Sicherheit das Messer in meinem Rücken, was mir unter Garantie mehr als unangenehm sein würde!« Außerdem kam noch erschwerend dazu, dass ich ein miserabler Sprinter war. Als Jugendlicher hatte ich in meiner Fußballmannschaft als Rechtsaußen, also Flügelstürmer gespielt, eine totale Fehlbesetzung, das kann ich euch sagen. Wenn ich während eines Angriffs meiner Mannschaft mitstürmte und vorne am gegnerischen Tor ankam, waren die anderen meist schon wieder auf dem Rückweg, und wenn dann auch noch ein Mädel aus meiner Klasse am Spielfeldrand zusah, war es noch peinlicher für mich. Das kann einem schon am Selbstbewusstsein nagen, aber echt.

Plötzlich ging die Tür auf und eine Gruppe Soldaten kam herein, verteilte sich am Tisch und rief lauthals nach dem Wirt, der sich beeilte und flink wie ein Wiesel seinen Pilaw auftrug. Das war jetzt günstig für mich, vielleicht konnte ich mich irgendwie unbemerkt verdrücken, doch meine Hoffnung sank, der alte Messerwerfer ließ mich nicht aus den Augen, war jetzt angespannt wie ein Bogen. Ich besah mir die Soldaten neben mir, der eine der beiden trug eine John-Lennon-Brille und sah intellektuell aus. Also quatschte ich ihn auf Englisch an und hatte Erfolg, er sprach perfektes Oxford. Wir plauderten ein bisschen, woher, wohin und dererlei, und nach und nach erklärte ich ihm meine Situation.

»Oh, das ist kein Problem«, sagte er und unterhielt sich dann kurz mit seinem Leutnant, der ihm mit zwei knappen kurzen Sätzen antwortete.

»Hören Sie, mein Vorgesetzter sagt, Sie stehen von nun an unter dem Schutz der irakischen Armee, das mit dem Diesel ist kein Problem, Sie bekommen von uns 100 Liter, damit Sie sicher bis zur Grenze kommen.«

Himmel, ich war gerettet! Gemeinsam verließen wir die Karawanserei, ich bekam 100 Liter Most in den Tank gefüllt, und sogar mein Essen (Sie sind unser Gast!) hatten sie bezahlt.

»Kommen Sie gut nach Hause!«, winkte mir John Lennon hinterher, und ich fuhr los, unter den bösen Blicken der beiden Türken, die mir ans Leder wollten und doch nicht konnten. Und als ich frohgemut über die Wüstenpiste donnerte, wurde mir die Absurdität der Situation erst voll bewusst, ich, der Kriegsdienstverweigerer, der sich mühsam durch die Institutionen gekämpft hatte, um ernst genommen zu werden, der mit Herzblut an den pazifistischen Idealen hing, die ihm sein im Zweiten Weltkrieg gebeutelter Großvater vermittelt hatte, und der so erbärmlich abgeschmettert und für unglaubwürdig erklärt wurde, ausgerechnet ich wurde von einer Armee, von Soldaten gerettet und wie ein Mensch behandelt.

***

Denn damals, bei meiner ersten Verhandlung im Kreiswehrersatzamt, da wurde ich vorgeführt. Lieb Vaterland, magst ruhig sein. Aber hallo. Das Ganze hatte was von einem Tribunal, jedenfalls kam es mir damals so vor. Nachdem ich mich auf dem Amt gemeldet hatte, wurde mir erst einmal befohlen, auf dem Gang zu warten. Dieser nun war ein langer, dunkler Schlauch mit einigen

Türen, die in irgendwelche Büros führten. Am Ende befand sich ein Fenster, durch das zaghaft das Morgenlicht hereinsah. Hatte wohl mächtig Respekt vor der strengen Nüchternheit dieses Ortes. Der Gang selbst lag in Düsterheit und verströmte den Geruch von abgestandenem Bohnerwachs und kaltem Zigarettenrauch. An der Wand stand eine hölzerne Bank, auf die ich mich setzte, obwohl ich mir momentan nicht sicher war, ob das erlaubt war und mir womöglich zum Nachteil gereichen würde. Ich fühlte mich wie vor dem Gang zum Schafott. Die Situation hatte etwas Bizarres, Kafkaeskes. Um mich abzulenken, fixierte ich die Pinnwand gegenüber, auf der Zettel mit Bekanntmachungen, Veranstaltungshinweise, Reklame und dergleichen hingen. Bis mein Blick an einer Anzeige hängen blieb, es war das Foto einer Matratze und darunter stand:

»Träumsüß, die einzigartige Matratze, die atmet!«

Und das erheiterte mich und ich fing an zu grübeln (ich war noch etwas verkatert vom vorigen Abend und somit gedankenschwanger). »Eine Matratze, die atmet«, dachte ich, »was es nicht alles gibt, gut, warum nicht, heutzutage ist ja vieles möglich, warum keine atmenden Matratzen, sicher, andererseits, das muss man sich mal vorstellen, ist doch merkwürdig oder sogar unheimlich, da kommt man abends von der Arbeit, ist müde, zerschlagen, freut sich auf die Nachtruhe, geht ins Bett, streckt seine müden Glieder auf der Matratze aus und versucht einzuschlafen. Der Puls fährt herunter, die strapazierten Muskeln entspannen sich, die Atmung wird ruhig, man ist kurz davor wegzudämmern und plötzlich, da es ja still ist im Zimmer, hört man deutlich, wie die Matratze unter einem atmet, schnauft, ein – aus, ein – aus, zwar leise, obwohl wer weiß, vielleicht auch laut, kann man nicht wissen, man hat ja noch keine Erfahrung mit atmenden Matratzen, da liegt man also und lauscht, unwillkürlich, geht ja nicht anders, draußen Nacht, drinnen Stille und unten die Matratze, aus – ein, aus – ein, womöglich schnarcht sie noch oder pfeift durch die Nase, weil sie Polypen hat und der Verkäufer im Bettengeschäft das verschwiegen hat. Okay, okay!«, spann ich den Faden weiter. »Vielleicht hört sie ja auf zu schnarchen, wenn man sie umdreht, bei meiner letzten Freundin hat das auch geholfen, dann ist es wieder ruhig, bis einem auf einmal klar wird, dass sie (die Matratze, nicht die Freundin) in einem komplett anderen Rhythmus atmet als man selbst, jedes Mal wenn man einatmet, atmet die verdammte Matratze aus oder umgekehrt, auf alle Fälle immer unrhythmisch und nun ist es endgültig vorbei mit der Nachtruhe; an Einschlafen ist nicht mehr zu denken, auf gar keinen Fall, also versucht man seine Atmung an die der Matratze anzugleichen, doch dieselbige atmet wesentlich schneller als man selbst, ergo atmet man ebenfalls viel zu schnell, hechelt geradezu, es wird einem schwindlig, man hyperventiliert womöglich, das Herz rast, der Infarkt droht, die Matratze triumphiert …!!«

Dann wurde ich aufgerufen und in dieser Gemütsverfassung betrat ich den Verhandlungssaal. Ein kahler Raum, völlig schmucklos; außer einem langen Tisch und einem hölzernen Stuhl davor, gab es keinerlei Einrichtungsgegenstände. Hinter dem Tisch saßen drei Gestalten, das waren meine Gewissensprüfer. Vor dem Tisch stand einsam und verloren wie ich der besagte Stuhl, auf dem ich nun Platz nahm. Da der Tisch mit den drei Herren genau vor dem Fenster platziert war und dieses die einzige Lichtquelle im Raum darstellte, war ich genötigt, – sozusagen – ins Licht zu schauen, aufzublicken zu diesen »Cherubinen der Bürgerlichkeit«, die dort im Strahle der wahren Erkenntnis meiner unseligen Wenigkeit harrten, um mir klarzumachen, dass ich mich auf dem Pfade des Verhängnisses befand. Es waren dies: ein Forstmann im Raiffeisensmoking, ein Zollbeamter im grünen Rocke sowie ein bebrillter Rektor im Ruhestand, der nun das Wort an mich richtete und mir erklärte, dass ich mich nun einer Gewissensprüfung unterziehen müsse und dass es an mir läge, zu beweisen, dass ich der Pazifist wäre, der ich behaupte zu sein. Donnerwetter, das hatte er gut erkannt, und wenn er es mir nicht gesagt hätte, hätte ich glatt vergessen, warum ich hier war.

Nach den üblichen Formalitäten starteten sie dann das Kreuzverhör.

»Was lesen Sie denn so?«, wollte der Rektor wissen. »Krimis, Jerry Cotton, Western?«

»Ich lese eher deutsche Literatur, Hermann Hesse, Erich Kästner, Kurt Tucholsky, Erich Maria Remarque, Heinrich Böll …!«

»Aha, ja, ja, so, so, das sagen sie alle!«, fuhr der brave Forstmann dazwischen.

»Na ja, da wir alle die gleiche Generation sind, empfehlen wir uns bestimmte Bücher gegenseitig, das haben

Sie in Ihrer Jugend doch sicherlich auch getan«, wandte ich ein.

»Natürlich, nur haben wir andere, ich meine erbaulichere Texte gelesen.«

»Sie meinen Karl May und so, aber kritische Sachen können doch auch sehr erbaulich sein.«

»Jetzt werden Sie hier nicht spitzfindig, destruktive Kriegsdarstellungen wie bei diesem Remarque kann man wohl kaum als kritisch, geschweige denn als erbaulich bezeichnen!«, ereiferte sich der Holzbock. Da war ich ja sauber ins Fettnäpfchen getreten. Ich wusste auch gar nicht, dass es erbauliche Kriegsdarstellungen gibt. Nachdem die Herren sich vielsagende Blicke zugeworfen, auch ein wenig die Köpfe zusammengesteckt und getuschelt hatten, kam dann die Frage, die immer kommt, kommen muss.

»Jetzt stellen Sie sich einmal vor«, der Rektor nahm seine Brille ab und putzte sie mit einem süffisanten Lächeln, »stellen Sie sich vor, es ist Krieg und der Russe (klar, wer sonst!) hat das Land besetzt. Sie sitzen zu Hause auf dem Sofa mit Ihrer Frau und Ihrem Kinde, ein Russe dringt in Ihre Wohnung ein und richtet die Kalaschnikow auf die beiden ...«

»Das kann nicht sein, ich habe weder Frau noch Kind.«

»Dann sitzen Sie eben dort mit Ihren Eltern und der Russe bedroht die beiden.«

»Das kann ja auch nicht sein, ich habe keine Eltern, ich bin bei meinen Großeltern aufgewachsen.« Ein kleines Grinsen musste ich mir jetzt schon verkneifen.

»Na schön, dann sitzen Sie dort mit Ihren Großeltern und zufälligerweise haben sie ein geladenes MG zur

Hand«, kam es leicht genervt zurück. »Also was tun Sie?«

»Als Pazifist werde ich sicher kein MG im Hause haben.«

»Dieses eine Mal wäre es zufällig möglich, dass Sie eines dahätten, rein hypothetisch, meine ich.«

»Na gut, also, ich öffne die Wodkaflasche, schenke ein Glas voll und biete es dem Russen an, kein Russe kann einem Glas Wodka widerstehen, auf das erste folgt dann das zweite, alsbald ist die Flasche leer und der Russe voll, dann klaue ich ihm die Kalaschnikow und vergrabe sie im Wald.«

»Was für eine Wodkaflasche, was reden Sie denn da, von einer Wodkaflasche war doch hier überhaupt nicht die Rede.«

»Also wenn es zufällig möglich ist, dass ich ein MG im Haus habe, ist es doch auch zufällig möglich, dass eine Wodkaflasche da ist, rein hypothetisch.«

»Sagen Sie mal, wollen Sie uns hier auf den Arm nehmen, oder was?!«

Ich verzichtete darauf, zu antworten. Es ging dann noch eine Weile so hin und her, aber so richtig haben wir dann nicht mehr zusammengefunden, und als ich dann noch von meinem Großvater und den Gräueltaten, die er in Russland erlebt hatte, berichtete, war's dann ganz vorbei, das wollten sie nicht hören, war wohl so eine Art Verrat für sie, das war tabu, darüber redet man nicht. Für diese Leute war sowieso jeder Kriegsdienstverweigerer per se ein Verräter. Natürlich wurde ich nicht anerkannt, in der schriftlichen Begründung hieß es, ich sei unglaubwürdig, weil jemand mit – nur – Hauptschulabschluss nicht so argumentieren könne, wie ich argumentiert hätte, folglich sei ich von einer Kriegsdienstverweigerergruppe instruiert worden. Na ja!

***

Nachdem ich zu Hause ein paar Tage Urlaub genossen hatte, sollte mich meine nächste Tour nach Skandinavien führen. Da ich Springer war, hatte ich dieses Mal einen 320er Mercedes Benz mit Dreiachsanhänger zu chauffieren. Ich sollte in Basel im Zollfreilager Muttenz eine Ladung für Kopenhagen übernehmen, und die Fahrt fing damit an, dass ich als Erstes zwei Stunden im Aufzug festsaß. Ich hatte den Lkw geladen und geparkt und betrat den Lastenaufzug mit einem Kaffeebecher in der Hand, um im vierten Stock meine Papiere abzuholen. Ich drückte die 4 und mit der ihm eigenen trägen Langsamkeit setzte sich der Aufzug in Bewegung. Der Automatenkaffee schmeckte wie eingeschlafene Füße, weshalb ich den halb ausgetrunkenen Becher angewidert vor mir auf den Boden stellte.

»Scheußliches Zeug!«, murmelte ich gerade vor mich hin, als der Aufzug mit einem langgezogenen Seufzer stehen blieb. Genau zwischen zwei trostlos grauen Betonwänden, die mich hämisch anstarrten. Nun bin ich eigentlich nicht klaustrophobisch, aber ihr kennt das sicher auch; wenn der Aufzug so stecken bleibt, dass man wenigstens noch einen Teil der Türen sieht, ist es einigermaßen erträglich, man sieht einen Teil des Flures, kommt sich nicht vollends eingesperrt vor. Doch so, zwischen diesen undurchdringlich, unerbittlich dräuenden Mauern eingemauert, schauderhaft!

»So muss sich der Graf von Montecristo gefühlt haben«, dachte ich, was zugegebenermaßen in diesem Moment ein blöder Gedanke war. »Aber gut, jetzt erst mal hier raus!« Also betätigte ich die Notklingel, und um mich kurz zu fassen, ich steckte, wie gesagt, zwei Stunden in dem vermaledeiten Aufzug fest. Zwei Stunden klingelte ich in immer kürzer werdenden Intervallen, rief, wummerte gegen die Metalltür, dass es dröhnte, hörte auch, wie unten geklopft und gerufen wurde, doch nichts geschah, das Mistteil rührte sich keinen Millimeter. Ich war verloren, der Hausmeister war gestorben und es gab niemanden mehr, der sich mit diesem Aufzug auskannte, die Herstellerfirma war schon vor Jahren pleitegegangen und Ersatzteile existierten sowieso nicht mehr, sie würden alles versuchen, doch da ich genau zwischen den undurchdringlichen Betonwänden feststeckte, könnte ich nur mit Spezialwerkzeug befreit werden, und das müsste aus Kanada eingeflogen werden, was Wochen dauern würde. Und wenn dann endlich der Durchbruch geschafft wäre, wenn sie endlich zu mir durchgedrungen wären, fänden sie nur noch mein Skelett. Mir kamen regelrecht die Tränen. Aus, vorbei, so hatte ich mir mein Ende nicht vorgestellt! So jung war ich noch, so viel hatte ich mir vorgenommen, Gefahren hatte ich getrotzt, wilden, Messer schwingenden Orientalen war ich entkommen, Wüsten in sengender Sonne hatte ich lebend durchquert, selbst ein Bee-Gees-Konzert konnte meiner robusten Gesundheit nichts anhaben, und nun sollte ich hier in diesem Aufzug elend krepieren. Wie lange konnte ich ohne Nahrung überleben, ein, zwei Tage, wie lange ohne Wasser, wie lange, bevor ich dehydriert zu Boden sank? Doch halt, mein Blick fiel auf den Kaffeebecher, den ich auf den Boden gestellt hatte, er war noch halb voll. War hier die Rettung, meine Chance, würden Kaffee, Zucker und Milch meine Lebensfunktionen gewährleisten, bis die Ersatzteile aus Kanada einträfen? Ich zitterte vor Erregung, vorsichtig näherte sich meine Hand dem Becher (»Nur nichts verschütten!«, wie ein Mantra wiederholte ich den Gedanken.) und nahm ihn auf. In diesem Moment setzte sich der Aufzug in Bewegung und fuhr weiter nach oben, weil ich den Becher in den Bereich der Sicherheitslichtschranke gestellt hatte. Im vierten Stock hatte sich inzwischen ein ansehnliches Grüpplein Menschen vor der Tür versammelt, an dem ich mich schnellstens vorbeidrückte.

»Müsste mal wieder gewartet werden, das Teil!«, hörte ich mich sagen und war weg.

Nun war ich, durch eigene Blödheit, im Zeitdruck, meine Fähre nach Gedser war für den nächsten Tag 22 Uhr gebucht, die Fahrzeit Basel–Travemünde beträgt 12 Stunden und ich war ja schon den ganzen Tage unterwegs zum Laden. So fuhr ich los, doch in der Höhe von Frankfurt war's vorbei, ich war müde wie ein Fernfahrer und so steuerte ich einen Parkplatz an, suchte mir einen Stellplatz in der hintersten Ecke, schaltete die Standheizung an und legte mich aufs Ohr. Sofort fiel ich in einen bleiernen Schlaf und fand mich im Traum in dem vermaledeiten Aufzug wieder, doch diesmal war alles umgekehrt, der Aufzug war nicht stecken geblieben, sondern raste wie verrückt in die Tiefe, immer schneller, mit Getöse rauschte er abwärts, der Hölle oder was auch immer entgegen. Ich betätigte die Notbremse, doch nichts geschah, weiter ging die wilde Fahrt, das Dröhnen wurde immer lauter und jetzt rückten auch noch die Wände auf mich zu. Es gab einen dumpfen Schlag und ich schreckte hoch, links und rechts von mir hatten zwei Thermolaster geparkt, die Kühlaggregate voll aufgedreht, es war so laut wie in einer Fabrikhalle und an Schlaf war nicht mehr zu denken.

Vier Stunden hatte ich selig geschlummert und war jetzt eigentlich noch müder als vorher, aber da ich ja in Zeitdruck und nun mal sowieso schon wach war, beschloss ich weiterzufahren.

»So erreiche ich wenigstens die Fähre noch rechtzeitig«, tröstete ich mich.

Als ich dann gegen Mittag so auf der Höhe des Werratals war, fing es auch noch an zu schneien, im böigen Wind stoben die Flocken in wilden Wirbeln zur Erde, man sah keine 50 Meter weit und ich war gezwungen, langsam zu fahren. Die Straße wurde zu Schmierseife, und wenn ich bergab nur ganz leicht bremste, konnte ich im Rückspiegel sehen, wie das Heck des Hängers ausbrach.

(ABS gab's damals noch nicht, und da der Dreiachsanhänger viel schwerer war als der Motorwagen versuchte er diesen immer wieder zu überholen. Viele Schweizer Lkws hatten eine sogenannte Streckbremse, die nur den Anhänger allein bremst, um ihn abzufangen, diese Situation auszugleichen und den Zug wieder zu begradigen, unverständlicherweise war die Streckbremse in Deutschland verboten.)

Bis ich die Kassler Berge hinter mich gebracht hatte, war ich durchgeschwitzt, was aber okay war, denn der Mercedes heizte ziemlich schlecht. Aber das hatten mir Kollegen schon prophezeit: Scania zieht am Berg, Mercedes zieht in der Kabine – war ein geflügelter Spruch. Ab Seesen hörte der Schneefall auf und die Autobahn war frei, es war früher Nachmittag und ich gut in der Zeit. Ich drehte das Radio auf und John Lennons Stimme schepperte aus dem Äther.

»Nobody told me that it is like this,
strange days indeed,
lawdy Mama, strange days indeed …«

Lauthals sang ich mit, alles war bestens, um 22 Uhr würde die Fähre nach Gedser ablegen, der Lkw wäre sicher auf dem Parkdeck vertäut, ich würde mir am Buffet den Magen füllen, mich anschließend in die Koje hauen, um dann am nächsten Morgen ausgeschlafen durchs winterlich verschneite Dänemark zu rollen. Ich malte mir gerade aus, wie ich mit einer hübschen, blonden, vollbusigen Schiffsstewardess ins Gespräch käme, da tat es einen lauten Knall. Ich weiß nicht, ob ihr schon mal gehört habt, wie ein Lkw-Reifen mit ca. 8,5 bar Druck sich verabschiedet. Es ist, wie wenn jemand mit einer Kanone auf euch schießt – es dröhnt ein Schuss wie Donnerhall – das Zwerchfell zittert und das erschrockene Herz rast, jedenfalls bei mir. Zu meinem Glück kam gerade ein Parkplatz, den ich sofort ansteuerte, um nachzusehen. Am Anhänger war an der doppelt bereiften Hinterachse der vordere, innere Reifen geplatzt.

Auch das ein Phänomen, es platzt immer der innere, niemals – niemals der äußere, ja klar, warum auch, der wäre ja auch einfacher zu wechseln. Das war jetzt arg, spät dran war ich eh schon und nun das, aber es half ja nichts, nachdem ich eine Weile meinen Chef verflucht hatte, weil er immer die billigen Reifen kaufte (es waren tschechische Barum, die von uns nur Kawum genannt wurden, weil sie öfter mal platzten, was wir bisher auf die hohen Temperaturen im Orient geschoben hatten und die mich hier eines Besseren, oder eher Schlechteren belehrten), machte ich mich ans Werk. Der Hänger hatte Trilex-Felgen deren Schrauben sich gut lösen ließen. Ich schob den Wagenheber unter die Achse und pumpte ihn hoch; als er dann ausgefahren war, stand er gerade mal an der Achse an, dann war Sense, weiter ging es nicht. Der Hänger hob sich keinen Zentimeter.

»Gut, gut, Rehmann, keine Panik, du musst etwas unterlegen dann geht's!«, beruhigte ich mich. Aber was? Normalerweise hatte man einen Holzklotz oder dergleichen im Werkzeugkasten, aber das war ja nicht mein Auto. Also suchte ich alles ab, mit dem Ergebnis, dass ich nichts fand, kein Holz, keine Unterlage, nichts. Jetzt war Not am Mann. Panik stieg in mir auf, in weite Ferne sah ich das Buffet entschwinden, von der blonden Schwedin gar nicht zu reden. Da fiel mein Blick zur Erde, der Parkplatz, er war gepflastert, das war die Lösung, ein Pflasterstein, ich musste ihn nur ausgraben, ein Kinderspiel. Ich stürzte zum Werkzeugkasten und griff mir das Brecheisen, dann suchte ich mir einen gleichmäßigen Stein in der Mitte der Fahrbahn, dort war es am flachsten, aus und legte los. Wie Herakles beim Ausmisten der Ställe des Augias schuftete ich unter Ächzen und Stöhnen, grub und stocherte, riss und schob an dem verdammten Stein, der sich wehrte wie der Teufel. Ich konnt's kaum glauben, die Oberfläche des Steins betrug so etwa 15 auf 15 Zentimeter, also ging ich davon aus, dass er nach unten genauso lang wäre, aber Nasenwasser, von wegen, egal wie tief ich war, es ging immer noch weiter. Inzwischen hatte ich auch noch Publikum bekommen, mehrere Personen standen ungläubig starrenden Blickes an ihren Pkws, doch keiner wagte es, das Wort an mich zu richten. Muss – zugegebenermaßen – auch ziemlich befremdlich gewirkt haben, wie da ein schwitzender, lauthals fluchender Parkplatzdämon mit einem Brecheisen in der Hand mitten in der Fahrbahn auf einen Pflasterstein eindrosch. Die meisten zogen es vor, in einem weiten Bogen um mich herum den Parkplatz wieder zu verlassen. Sei's drum, irgendwann hatte ich den Brocken draußen und nun klaffte ein sehenswertes, etwa 30 Zentimeter tiefes Loch im Parkplatz, was mir momentan total egal war. Ich schob den Stein unter den Wagenheber und der Rest war Routine.

Gerade als ich fertig war, mittlerweile war es dunkel, fuhr ein Pkw mit aufgeblendeten Scheinwerfern auf mich zu und blieb genau vor mir stehen. Geladen wie ich war, drehte ich mich, die Brechstange noch in der Hand, um und brüllte: »Was soll der Scheiß, mach die Strahler aus oder ich komm rüber!«

Das Licht erlosch und vor mir stand ein Streifenwagen. Der Beamte stieg aus, setzte die Mütze auf und kam auf mich zu.

»Wenn ich das richtig sehe, ist das Beschädigung

örtlichen Eigentums sowie Erregung öffentlichen Ärgernisses, von der Verkehrsgefährdung durch ein Loch mitten in der Fahrbahn will ich gar nicht reden.«

»Na ja, es handelt sich gewissermaßen um eine Notlage meinerseits«, versuchte ich ihn zu beschwichtigen und erklärte ihm meine Situation, und siehe da, er zeigte sogar Verständnis. Nachdem ich den Stein, mehr schlecht als recht, wieder eingesetzt hatte, beließ er es bei einer mündlichen Verwarnung und ich konnte weiterfahren.

Kurz nach 20 Uhr erreichte ich den Hafen und reihte mich als Letzter in die Warteschlange ein. Die Fähre wurde schon beladen und ein Lkw nach dem anderen verschwand in dem dunklen Schlund des Schiffes. Das gelbe Licht der Hafenbeleuchtung und der träge vom Himmel taumelnde Schneegriesel tauchte alles in ein diffuses, unwirkliches Licht, verschob die Kanten des Wirklichen, verwischte die Realität und weichte sie auf ins Irrationale. Meine Wahrnehmung war durch die jetzt mich überwältigende Müdigkeit ins Rauschhafte gerückt (Kollegen wissen, wovon ich rede!) und vor mir stand ein weißes Monster, das einen Lkw nach dem anderen verschlang und nun auch mich verschlingen würde. Ich hatte die Arme über dem Lenkrad gekreuzt, den Kopf daraufgelegt und war gerade dabei zusammenzubrechen, als es an meiner Tür klopfte. Draußen stand ein Schweizer Kollege, den ich vom Sehen kannte und der wissen wollte, wohin ich fahre.

»Nach Kopenhagen, warum?«

»Hör zu, du musst mir helfen, ich bin in arger Bedrängnis, ich muss mich nach Schweden einschiffen und jetzt weiß ich nicht, wohin mit meinem Hund, du musst ihn mitnehmen.«

Er hatte seinen Hund immer dabei, war aber noch nie in Schweden gewesen und hatte deshalb nicht gewusst, dass Tiere für einen Monat in Quarantäne müssen, bevor sie ins Land dürfen.

»In Dänemark gibt es keine Bestimmungen, du kannst ihn also problemlos mitnehmen, er ist ganz brav und macht keinerlei Schwierigkeiten, bitte hilf mir.«

»Wie stellst du dir das vor, ich weiß ja nicht, wann wir uns wieder treffen, das kann Monate dauern.«

»Das geht schon, meine Freundin ist Bedienung im LWT, wenn du wieder in Muttenz bist, gibst du den Hund bei ihr ab.«

»Aber ich kann doch nicht einfach einen fremden Hund mitnehmen, der folgt mir doch gar nicht.«

»Ich hol ihn, dann wirst du sehen.«

Irgendwie fühlte ich mich überrumpelt, andererseits konnte ich ihn schlecht hängen lassen, war ja ein Kollege und damals gab's noch ein Gemeinschaftsgefühl zwischen uns Fernfahrern, eine Art Kodex, der uns verband und zu gegenseitiger Hilfsbereitschaft verpflichtete (Lang, lang ist's her, leider gibt's das heut nicht mehr!). Dann kam der Kollege mit dem Hund, ein Riesenköter von der Größe eines mittleren Einbauschranks, eine Mischung aus einem Berner Sennhund, einem Bernhardiner und ein Schäferhund war auch noch dabei, oder war's gar ein Wolf? Er hatte braunes, schwarz gesprenkeltes Kurzhaarfell und eine breite Brust, die in mächtigen Bärentatzen auslief. Sein Schädel mit dem breiten Maul und kleinen spitzen Ohren war gigantisch, und als er den Kopf drehte und zu mir hochsah, bemerkte ich, dass er nur ein Auge hatte, rechts war nichts, nur ein zugewachsener Schlitz.

»Was ist denn mit seinem Auge passiert?«, wollte ich wissen.

»Och, nur eine kleine Rauferei in jungen Jahren, das behindert ihn nicht«, grinste der Schweizer.

Na wunderbar, ein Kampfhund, ein Berserker, ein wildes Tier, das mich im Schlaf dann irgendwann zerreißt, massakriert – ohne mich! Ich bin ja Trubel gewöhnt, aber Kodex hin, Kodex her, alles hat seine Grenzen.

Der Hund stand so da, ganz ruhig, hechelte ein wenig; den Kopf mit dem gesunden Auge leicht zur Seite gewandt, sah er mich an. Ruhig war sein Blick, gelassen, irgendwie auch ein wenig traurig, von einer Wärme und Sanftheit, die mich in den Bann zog. Ich weiß nicht, ob ihr das kennt, es gibt so Situationen im Leben, die man sich nicht erklären kann. Man sieht etwas, erlebt oder fühlt eine Sache, einen Menschen, ein Tier, einen Gegenstand, ein Erlebnis, irgendetwas, eine Eindringlichkeit, in der einen das sichere Gefühl befällt, das gehört zu mir, zu meinem Leben, ist Teil meines Daseins. Ich meine damit kein Déjà-vu, sondern das Empfinden von jetzt, von momentaner Klarheit.

Und so nahm ich ihn mit, Einauge. Der Kollege brachte mir einen Sack mit Trockenfutter, seinen Trinknapf und seine Decke, die ich im unteren Bett für ihn ausbreitete, und ohne jede Scheu stieg er ein und machte es sich gemütlich. So hatte ich, für eine kleine Weile, einen neuen Kameraden bekommen und ich habe es keine Minute bereut. Nachdem ich den Lkw unter Deck geparkt hatte, stieg ich die eiserne Treppe hoch, die vom Parkdeck hoch ins Innere des Schiffes führte, wie Jonas kam ich aus dem Bauch des Wals, doch nach dem Leviathan leuchtet der Weg (so steht's wenigstens bei Hiob) und so erging ich mich in den leuchtenden Gängen des Schiffs. Im Restaurant hatten meine zahlreich anwesenden Kollegen bereits das Buffet geplündert und unter den vorwurfsvollen Augen der Stewards Krabbencocktails und Heringssalat in großen Mengen verschlungen, einige Flaschen Weißwein und zahlreiche Wodkas waren ebenfalls schon geleert worden. Es herrschte gehobene Stimmung, einige normale Schiffspassagiere hatten das Restaurant bereits unter Protest verlassen, doch was sollten die Stewards auch machen, gegen eine eingeschworene Horde angetrunkener Fernfahrer waren sie machtlos und fügten sich in ihr Schicksal. Immer auf der Straße, ständig unter Zeitdruck, tage-, oft wochenlang weg von zu Hause, wenig Kontakt zu andern Menschen, Freunden, Verwandten – die belanglosen Gespräche beim Beladen in irgendeiner fremden Stadt, die kurzen Begegnungen mit Kollegen am Zoll zählen nicht –, dann die einsamen Nächte auf einem nach Pisse stinkenden Autobahnparkplatz, das geschmacksneutrale Fleischkäse-mit-Spiegelei-Frühstück, lieblos zubereitet, von einer mies gelaunten, übernächtigten Bedienung auf den abgewetzten Resopaltisch geknallt, den Spülwasser verwandten, überteuerten Kaffee runtergewürgt und dann wieder zurück auf das graue Band der nimmer endenden Autobahn, für jeden nur ein Hindernis, ausgebremst, geschnitten und beschimpft, wer sollte ihnen da verdenken, wenn sie an solch einem Abend zusammen mit Kollegen, denen es genauso ergeht, ausgelassen sind.

Kunkel, ein Fahrer, den ich schon oft unterwegs getroffen hatte, stand mit einer blonden Frau etwas abseits von dem Getöse und winkte mich zu sich.

»He, Aslan Trans, komm her und trink was mit uns, das ist Gaby aus Bremen.« Er nahm mich am Arm und flüsterte in mein Ohr: »Die hab ich grade kennengelernt, die ist Tierpflegerin, du hast doch den Hund vom Köbi dabei, gib mir mal deinen Autoschlüssel, ich geh mit ihr runter zum Parkdeck und zeig ihr den Köter, du verstehst schon«, er grinste hinterhältig.

»Von mir aus, aber ich weiß nicht, wie Einauge reagiert, er kennt dich ja nicht.«

»Ach was!«, Kunkel triefte förmlich. »Der ist vollkommen harmlos, außerdem ist der Hund doch nur ein Vorwand, nachher zeig ich ihr meinen Laster, gib schon her.«

Er zog mit dem Schlüssel in der Hand und mit der Blonden am Arm ab und ich sondierte erst mal das Buffet, lud mir den Teller voll mit Ochsensteaks und schnappte mir eine Rotweinflasche. Ich hatte noch nicht ganz aufgegessen, da stürzte Kunkel auf mich zu und hielt mir seine blutende Hand entgegen, auf der deutlich die Abdrücke von Zähnen zu sehen waren.

»Du kommst nie mehr in dein Auto, der Köter spielt verrückt, der lässt keinen mehr rein und die Blonde hat mich auch noch beschimpft, Tierquäler hat sie mich genannt, stell dir das mal vor!« Der Arme war völlig außer sich. Ich musste grinsen, die Anmache war ja nun völlig aus dem Ruder gelaufen.

»Jetzt beruhige dich mal, ist doch klar, dass Einauge unseren Lkw verteidigt, ich hatte dich ja gewarnt.«

Nach zwei, drei Wodka wurde er dann ruhiger und verzog sich in seinen Laster, um zu schlafen und seine Wunde und sein angekratztes Ego zu lecken. Auch mich überfiel nun eine ohnmächtige Müdigkeit, meine Beine waren schwer wie Blei und meine Gedanken wurden träge und schwer, die Umgebung war wie in Watte gedämpft, das Klingeln der Gläser kam aus entschwindender Ferne und das Lachen meiner Kollegen war hinter starren, stillen Gefilden so weit von mir entfernt. Die Stewards bewegten sich wie Marionetten und das Licht der Deckenbeleuchtung strahlte grell und blendend wie tausend Sonnen. Ich hievte mich hoch, taumelte zum Buffet und klaute noch ein paar Ochsensteaks, dann ging ich durch die Gänge, in denen Betrunkene in ihrem Erbrochenen lagen, stieg hinunter in des Leviathans Bauch, wo Einauge und ich dann Seite an Seite einen Mitternachtsimbiss einnahmen, bevor wir beide endgültig und verdient in Morpheus' Armen versanken.

Sonntagmorgen um 6 Uhr legte das Schiff im Hafen von Gedser an. Verquollene, noch vom komatösen Schlaf gezeichnete Gesichter lugten aufgeschreckt durch die zurückgeschobenen Vorhänge der Lkw-Kabinen, nach und nach krabbelten die Kollegen aus ihren Kojen, schwangen sich hinters Lenkrad und ließen die Motoren aufheulen, jetzt war Ach und Weh, gepeinigt der, welcher keine Mineralwasserflasche und eine Packung Aspirin zur Hand hatte. Als unter ohrenbetäubendem Kreischen der Seilwinden die Auffahrrampen aufs Dock heruntergelassen wurden, verfluchte der eine oder andere seine

Maßlosigkeit. Unten am Kai standen drei Streifenwagen der dänischen *Polis* und als die Trucks sich langsam aus dem dunklen Schlund des Walfisches ergossen, wurde aussortiert, streng nach Nationalitäten, schwedische und norwegische Lastwagen wurden zur Seite auf einen Parkplatz geleitet, die anderen, Deutsche, Dänen, Österreicher oder was auch immer, wurden durchgewunken. Zuerst war mir nicht ganz klar, was der Sinn dieser Aktion war, doch später dann klärte mich ein Kollege auf. Da es ein offenes Geheimnis ist, dass speziell Norweger und Schweden gesegnete Trinker sind und aufgrund der im Verhältnis zu ihrer Heimat billigen Duty-free-Preise auf dem Schiff nun mal dazu neigten, maßlos zuzuschlagen, ging die dänische Polizei davon aus, dass diese Burschen noch genügend Restalkohol im Blut hatten und somit in dieser Verfassung nicht in der Lage waren, einen 40-Tonner zu steuern. Also wurden sie dazu verdonnert, eine zwölfstündige Schlaf- und Ruhepause im Hafen einzulegen und nicht vor 6 Uhr nachmittags weiterzufahren. Ich fand das großartig oder besser gesagt großzügig, stellt euch vor, sie hätten alle einfach fahren lassen und sich dann irgendwo weiter hinten im Land zur Großkontrolle aufgebaut und die Kollegen einer Alkoholkontrolle unterzogen, die meisten wären ihren Führerschein losgeworden, wären in unüberwindbare Turbulenzen geraten, arbeitslos geworden, hätten ihre Familie in Schwierigkeiten gebracht. Niemand kann so etwas wollen, niemand hätte einen Vorteil daraus gezogen und so hat diese salomonische Lösung ihren Zweck erfüllt. Keiner wurde gefährdet, weder die Kollegen noch die anderen Verkehrsteilnehmer. Nachdem Einauge und ich unseren Morgenspaziergang unternommen und ich mich mit einem kleinen Frühstück – Einauge verschlang den Rest vom Ochsen – gestärkt hatte, waren wir wieder auf der Straße, hatten die trügerische Sicherheit des Meeres mit der beruhigenden Festigkeit von Mutter Erde vertauscht. Es war kalt, die dünne Schneedecke, die das flache Land bedeckte, lag in Erstarrung und glitzerte in der eisig aufgehenden Sonne, die wenigen kahlen Bäume am Wegesrand waren mit Reif überzuckert und streckten ihre nackten Arme in den Frost starrenden Himmel. Uns empfing ein Wintermorgen, wie er schöner und eisiger nicht sein konnte. Sogar Einauge war fasziniert, er saß auf dem Beifahrersitz und sah reglos aus dem Fenster. Es gab keinerlei Verkehr, logisch Sonntagmorgen um 6 Uhr, uns allein gehörte die Welt. Wir glitten vorbei am Guldborgsund, der uns zur Rechten eine Weile begleitete, passierten Nyköping und erreichten die sogenannte »Spiegelbrücke«, die so schmal war, dass zwei sich entgegenkommende Laster die Außenspiegel einklappen mussten, damit sie nicht gegeneinander krachten. Jetzt hatte der morgendliche Frost sie mit einer Zentimeter dicken Eisschicht überzogen, den Boden, das Geländer, es sah aus, als wäre sie aus Glas, ein großes eisiges Kunstwerk, geschaffen vom kreativsten Künstler aller Zeiten, der Natur. Vorbei ging's an Vordingborg und Koge durch das glitzernde Själand bis hinein nach Kopenhagen, wo ich im Hafenareal der Dan Spedition meinen Laster neben dem von Kunkel parkte, der in seiner Kabine gerade dabei war, sich einen Kaffee zu brauen. Er hatte den Gaskocher mit dem Wassertopf auf die Mittelkonsole gestellt, die Flamme voll aufgedreht, saß nun zurückgelehnt im Fahrersitz und wartete, bis das Wasser kochte. Dachte ich wenigstens, achtete nicht weiter auf ihn und begann, meine Koje für die Nacht vorzubereiten. Doch in Wirklichkeit war er eingeschlafen. Da er schon einige gekippt hatte, auf dem Schiff kaum zum Schlafen gekommen war, hatte ihn nun die Müdigkeit übermannt und er war eingenickt, was mir nicht auffiel, da er mit dem Rücken zu mir am Fenster lehnte. Als er dann im Schlaf eine unkontrollierte Bewegung machte, der brennende Gaskocher nach vorne fiel, der synthetische Vorhang sofort Feuer fing und lichterloh aufflammte, dauerte es auch noch etwas, bis ich zu ihm rübersah und bemerkte, dass da irgendetwas nicht ganz so war, wie es sein sollte. Schlagartig war ich hellwach, stürzte aus dem Laster, nahm den Feuerlöscher vom Chassis, brüllte »Feuer, Feuer!«, riss die Fahrertür auf und löschte den Vorhang, indes der erwachende Kunkel mich verständnislos anstierte und stammelte: »Ja spinnst du denn!«

Nachdem wir dann die Sauerei einigermaßen beseitigt hatten, mittlerweile war es Abend geworden, beschlossen wir in der Stadt einen draufzumachen. Mehrere Fahrer verschiedener Nationen, die alle auf dem Speditionshof übernachteten, waren zu uns gestoßen, sodass unsere Gruppe auf etwa zehn Personen angewachsen war. Ich wollte Einauge nicht alleine im Lkw zurücklassen, also nahm ich ihn an die Leine und er trabte brav nebenher, immer wieder mal sein Auge dankbar auf mich gerichtet, zumindest kam es mir so vor. Die Kollegen hatten von einer Kneipe namens »Postilion« geschwärmt, dort gäbe es billigen Alkohol und jede Menge »willige Weiber«, na, da war ich mal gespannt. Viele Dinge gibt es im Laufe eines Lebens, von denen man negativ überrascht wird, die einen ins kalte Wasser werfen, mit denen man so nicht gerechnet hat und einem plötzlich klar wird, dass man doch nicht so dickhäutig geworden ist, wie man gerne vorgibt zu sein. Und dann gibt es Situationen, die machen einen hilflos und ratlos vor Scham.

Das »Postilion« lag in einer dunklen Seitengasse irgendwo in der City. Eine dunkle, rauchgeschwängerte Sauf- und Siffkneipe. Als wir dort ankamen, taumelte uns ein Betrunkener entgegen und erbrach sich vor der Tür, im Schankraum roch es nach Fusel, Schweiß und menschlicher Ausdünstung. An der Bar klebten einige schwarzhaarige Weiber, hinten im Raum war es dunkel und im abgedämpften Licht waren einige Gestalten mit Frauen zugange. Ich setzte mich auf einen Stuhl und irgendjemand drückte mir ein Bier in die Hand. An der Bar erhob sich eine Frau und kam auf mich zu, sie war eine Inuit und sie war betrunken, so betrunken, dass sie kaum noch stehen konnte. Sie baute sich vor mir auf, lüpfte ihren Rock, unter dem sie nackt war, und zeigte mir ihre Scham, wobei sie unverständliche Worte stammelte. Sie war vollkommen apathisch.

»Kauf ihr einen Drink, dann kannst du alles mit ihr machen, das sind Grönland Eskimos, die werden alle alkoholsüchtig, der ist alles egal, die kriegt eh nichts mit, Hauptsache, sie hat was zum Saufen.« Der Kollege haute mir lachend auf die Schulter und schwankte zur Bar. Die Inuit stand vor mir, mit geschlossenen Augen schwankend ihre Scham präsentierend und ich saß hilflos auf diesem Stuhl, schämte mich für meine weiße Haut wie nie zuvor und wollte nur weg. Nicht die Inuit sind die Gedemütigten, in ihrer Natur ist etwas Derartiges wie Alkohol nicht vorgesehen und deshalb vertragen sie ihn nicht, werden süchtig, weil ihr Stoffwechsel ihn nicht verarbeiten kann, doch wir sind es, die sie damit in Berührung gebracht haben, mit etwas, das für sie nie vorgesehen war. Ich drückte der Frau mein noch volles Bier in die Hand und floh zur Tür hinaus. Draußen war es bitterkalt und das war gut, mein Kopf wurde frei. Es war still, die Nacht weit fortgeschritten, Lichter überall, Kopenhagen leuchtete wie ein Weihnachtsbaum, Schneeflocken fielen sacht und leise vom Himmel, die Straße war weiß überzuckert, *Sugar the Road*. Einauge machte Bocksprünge und biss übermütig in die Luft, meine Seele kehrte zurück auf ihren Platz und Hermann Hesse kam mir in den Sinn.

> »Ich, Steppenwolf, trabe und trabe,
> Die Welt liegt voll Schnee,
> Vom Birkenbaum flügelt der Rabe,
> Aber nirgends ein Hase, nirgends ein Reh ...«

***

Nachdem ich Montagmorgen abgeladen hatte, telefonierte ich mit meinem Chef und erhielt den Auftrag, eine Ladung Papier in Schweden für die Schweiz abzuholen, und zwar in Fors, das etwa 400 Kilometer oberhalb von Stockholm liegt. Ich sollte zur Nordspitze Dänemarks fahren und dort die Fähre von Helsingör nach Helsingborg in Schweden nehmen. Ich war begeistert, noch nie war ich in Schweden gewesen und nun konnte ich mehr als das halbe Land durchqueren. Frohgemut ging ich zurück zu meinem Laster, stieg ein und sah direkt in Einauges Auge, schlagartig wurde mir siedend heiß, ich hatte den Hund vollkommen vergessen. Oh Mann, jetzt war ich aber in der Bredouille! Mit dem Hund konnte ich in Schweden nicht einreisen, so viel war klar; meinen Chef anrufen und ihm erklären, dass ich die Ladung nicht übernehmen könne, unmöglich. Kunkel war auch schon weg, Richtung Heimat. Ich überlegte hin und her und kam dann zu dem Endschluss, ich würde Einauge einfach mitnehmen, ins Land schmuggeln, irgendwie. Die Überfahrt nach Helsingborg dauerte nur eine halbe Stunde, wenn ich den Hund im unteren Bett versteckte, war es zu machen. Er war ja brav und bellte fast nie, die Kabinen wurden bei der Einreise sicher nicht kontrolliert, und da ich ja leer einreiste, blieben mir die Zollformalitäten erspart und ich war schneller weg als ein flüchtiger Gedanke. Nachdem ich die Angelegenheit mit Einauge besprochen und er zustimmend gegrunzt hatte, fuhren wir los. Nachmittags um 4 Uhr erreichten wir Helsingör und reihten uns in die Lkw-Warteschlange ein. Ich hatte den Hund auf einem Parkplatz noch sein Geschäft verrichten lassen und nun lag er brav im unteren Bett, das ich zusätzlich mit zwei Handtüchern zugehängt hatte. Alles lief bestens, zügig wurde der Kahn beladen und als ich dran war, fuhr ich absichtlich in die mittlere Spur der Fähre. So wurde mein Lkw von allen Seiten zugestellt und niemand konnte in die Kabine schauen. Aber da es verboten war, während der Überfahrt im Wagen zu bleiben, musste ich den Lkw wohl oder übel verlassen.

»Sei schön brav und rühr dich nicht!«, schärfte ich Einauge noch mal ein und stieg nach oben. Ein wenig mulmig war mir schon. Was steht eigentlich auf illegales Einschleusen von Hunden? Geldstrafe, Landesverbot, Gefängnis gar? Ich schob den Gedanken von mir und holte mir in der Cafeteria einen Kaffee, mit dem ich mich an einen freien Tisch setzte. Ein langer, schlaksiger Mann mit einem roten Gesicht, in dem bläuliche Adern schimmerten, der eine Plastiktüte unter den Arm geklemmt hatte und eine Kaffeetasse vor sich her balancierte, setzte sich mir gegenüber auf die Bank. Dabei zwinkerte er mir verschwörerisch zu. Auf dem Tisch zwischen uns stand eine Blumenvase mit einer künstlichen Tulpe drin. Nachdem der Kerl einige nervöse Blicke um sich geworfen hatte, hob er die Kaffeetasse und goss mit einer zielsicheren Bewegung den Kaffee in die Vase. Ich musste lachen.

»Ist der Kaffee denn so schlecht?«

Aber er legte nur den Finger vor den Mund und zischelte etwas Unverständliches, dann hielt er die Tasse unter den Tisch und füllte sie aus der Plastiktüte, in der er, wie ich später sah, eine Flasche Whisky verborgen hielt. Mit einem Zug leerte er die Tasse, um sie dann sofort wieder zu füllen, indes er mir immer wieder konspirative Blicke zuwarf. Die Überfahrt dauerte 35 Minuten und in dieser Zeit leerte er zu meinem großen Erstaunen die ganze Flasche, und als das Schiff in Schweden anlegte, war er nicht mehr in der Lage sich zu erheben, er lag mit dem Kopf auf dem Tisch und seine Arme baumelten im Wiegerhythmus der Fähre hin und her. Ein Steward versuchte erfolglos, ihn wachzurütteln.

»Wir haben das oft«, erklärte er mir, »die Schweden kommen an Bord und kaufen den für sie billigen Schnaps, betrinken sich sinnlos und fahren gleich wieder mit zurück, da kann man nichts machen.«

Einauge hatte sich still verhalten, niemand hatte etwas bemerkt und da die anderen Lkws beladen waren, konnte ich direkt auf die Leerspur fahren. Ich gemahnte Einauge noch mal zur Ruhe, schlenderte unauffällig ins Zollbüro, um meine Fahrtgenehmigung abstempeln zu lassen und war schnell wie der Wind wieder zur Tür hinaus. Der Straßenbeamte winkte mich durch, und das war's und wir in Schweden.

Es war kalt, an einem Hochhaus sah ich eine Anzeige, minus 32 Grad, die Kälte war wie eine riesige Faust, erbarmungslos zuschlagend, sprang mich an wie ein bissiger Straßenköter. Ich trug nur meine alte Motorrad-Lederjacke, blöderweise war auch noch der Reißverschluss defekt und wie bereits erwähnt zog es im Mercedes aus allen Ritzen. Die Gummidichtungen in den Türrahmen waren altersschwach und verhärtet, sodass eiskalte Luft relativ ungehindert hereinströmte. Also drehte ich das Heizgebläse voll auf und ließ zusätzlich die Standheizung laufen. So fuhren wir durch die Nacht, die Sterne glitzerten in eisiger Pracht, die Landschaft schwieg in weißer Erhabenheit, auf den erstarrten Bäumen gleißte im Mondlicht der Schnee, es war still, kaum noch Verkehr, nur das sonore Brummen des Diesels. Kilometer um Kilometer ging es durch schattenhaft verborgene Wälder, nur ab und an ein beleuchtetes Holzhaus, wie ein wärmendes Feuer in der rauen Nacht, aus den Fenstern ergoss sich gelbes, warmes Licht über die glatte, wie Porzellan schillernde Schneedecke, zaghaft verlor sich der Glanz in den lichtlosen Schatten, wurde aufgesaugt vom Dunkel und dann wieder nur bedrohlich finstre Waldesmacht. Rechts und links der Straße türmte sich der Schnee, es gab keine Möglichkeit, anzuhalten. Nach Stunden passierte ich Linköping, die Nacht war weit vorangeschritten, müde war ich, entsetzlich müde. Es hatte zu schneien begonnen, die Flocken wirbelten auf mich zu und versetzten mich in Trance, ich konnte nicht anhalten, überall Schneeverwehungen, ich konnte kaum noch meine Augen offen halten, sah schemenhafte Gestalten durch die Bäume huschen, Irrlichter tanzten in den Wipfeln, die Schneeflocken stoben wie rasend auf mich zu – gib auf, gib auf – höhnten sie. Ich fühlte mich wie in Trance, glitt in eine Leere, war nahe dran aufzugeben – da riss es mich hoch – eine feuchte Zunge hatte mein Ohr geleckt und das Winseln Einauges hatte mich vorm Einschlafen gerettet. Irgendwann fand ich einen Parkplatz und schlief bei laufendem Motor – ich wagte nicht, ihn abzustellen – ein paar Stunden wie ein Toter und wurde erst wach, als jemand heftig an die Tür klopfte und Einauge bellte. Ich rappelte mich hoch, womöglich war das hier gar kein Parkplatz und ich stand mitten auf der Straße! Doch von wegen, es war 7 Uhr morgens und immer noch stockdunkel, draußen stand ein Betrunkener und wollte lallend wissen, ob ich billigen Schnaps zu verkaufen hätte, und als ich schlaftrunken verneinte, taumelte er wortlos zwischen den Tannen davon, die ihn in einem Vorhang von herabrieselndem Schnee verschluckten, und ich mich fragte, ob das eben eine Fata Morgana war oder ob ich noch träumte. Da ich nun schon mal wach war, braute ich mir einen Kaffee, teilte mit Einauge eine Dose Wurst und fuhr weiter. Am Himmel zog die Morgenröte herauf, erdbeerrotes Licht schwamm über den Horizont und breitete sich aus, leuchtende Wolkenschleier verhüllten das Firmament wie mit einem Tuch, die eben noch nächtlich verborgene Pracht der verschneiten schwedischen Landschaft eröffnete sich mir. Seen und Wälder von klirrendem Frost überkrustet, glitzernde Schneekristalle auf weiten Flächen, zugefrorene Seen metallisch schimmernd, eisige Pracht. Ich erreichte eine Raststätte, wo mir eine herrlich, dralle, blonde Schwedin mit stahlblauen Augen ein üppiges Frühstück servierte und mich so strahlend anlächelte, dass ich alle Mühsal von mir schob.

***

Zurück aus Schweden hatte ich ein paar Tage frei, die ich zusammen mit Einauge im Hegau genoss, bevor ich ihn zu seinem Herrn brachte. Der Hegau – irgendwo weit unten im Süden Deutschlands – dort, wo sich die Alpen und der Bodensee in der Weite und Herrlichkeit eines allumfassenden Himmels verlieren, irgendwo dort unten gab es und gibt es natürlich immer noch eine wunderschöne, liebliche, grüne Landschaft mit sanft geschwungenen Hügeln, an deren Hängen friedlich Schafe grasen, mit braunen Äckern, eingesäumt von dunklen Wäldern, in denen trotzige Eichen, schlank gewachsene Buchen und wilde, bärtige Tannen ein ungestörtes Dasein führen. Überragt wird diese Szenerie von mehreren, in Form und Farbe, ich will mal sagen, etwas eigenwilligen Erhebungen, die man auch bizarr nennen könnte, wenn man wollte. Es sind Vulkane, aber keine Sorge, sie sind längst erloschen, lange schon haben sie ihr Feuer verglüht, ihren lodernden Atem verhaucht, ruhen sozusagen in sich selbst. Und gerade diese ruhende Gelassenheit ist es, die auf diese Landschaft übergeht und ihr eine Eigentümlichkeit verleiht. Die eigentliche Eigentümlichkeit Vulkaniens. Und auch jetzt im Winter bot sich Einauge und mir ein großes Gemälde, wie es schöner nicht sein kann. Vulkanien, überzuckert mit weißem Staub, die kahlen Äste der Streuobstbäume vom Eis verkrustet, von den Kegelbergen wehte ein kalter Wind, doch nach minus 30 Grad in Schweden war's für uns ein laues Lüftchen. Wir hatten eine schöne Zeit zusammen gehabt, Einauge und ich, gemeinsam auf dem Hohentwiel. Ich trennte mich schweren Herzens von ihm. Beim Abschied setzte er sich vor mich, bot mir seine Pfote an und als ich sie nahm, schmiegte er seinen Kopf an meine Hand und so wusste ich, dass auch er mich vermissen würde, doch unerbittlich geht das Leben seinen Gang, aber wem erzähl ich das!

Erstes zartes Frühlingsleuchten fand mich dann auch nicht mehr im Hegau, sondern auf dem Weg nach Teheran. Ich hatte einen 142er Scania mit mehr als 400 PS unter dem Hintern und war durch Jugoslawien und die Türkei mehr geflogen als gefahren. Der Scania zog am Berg (Mercedes in der Kabine, Scania am Berg, ihr wisst schon!), dass ich in der Lage war, zwei, drei Lkws auf einmal zu überholen. Da er zusätzlich noch über eine Telma verfügte, flog ich die Pässe rauf und runter, dass es eine Lust war. Adrenalinschübe ohne Ende.

An der persischen Grenze in Bazargan hatten wir einen Deklaranten sitzen, der mich für 50 Franken und drei Schachteln Dunhill (waren sehr beliebt im Iran, da die Schachtel in mondänen Farben schillerte) problemlos durchschleuste. Die paar hundert Kilometer über Täbris nach Teheran riss ich auf einer Arschbacke ab und wähnte mich euphorisch in zwei Wochen wieder zu Hause, denn dann hatte ich Urlaub, den ich mit Doris, der von mir geliebten, zusammen in Irland verbringen wollte. Doch ich hatte die Rechnung ohne die Mullahs gemacht.

Ich hatte Maschinenteile geladen, die ich nicht direkt bei einer Firma, sondern nur im Zollfreilager abladen konnte. Also meldete ich mich dort und gab meine Papiere ab. Sodann wurde mir mitgeteilt, dass ich den Auflieger im Areal absatteln müsste und dann das Zollfreilager mit dem Zugfahrzeug verlassen sollte. Nach zwei Tagen könne ich dann vorsprechen, der Auflieger sei dann verzollt und abgeladen. Das war das übliche Prozedere, das war okay, ich kannte das schon. Also tat ich, wie mir geheißen, und verließ das Areal in Richtung Truckstop. Dieser lag im Süden der Stadt und war eigentlich nichts weiter als ein großer, staubiger Platz für die Trucks, dem sich ein – sogenanntes – Restaurant mit erbärmlich stinkenden Plumpsklos und einer windschiefen Dusche anschloss. Das Essen war ein kulinarisches Highlight, es gab immer nur Reis mit, na ja, mit nichts, trockener Reis mit einem Stück ranziger Butter obendrauf, dazu, wenn's welches gab, Fladenbrot, das irgendwie an Pergament gemahnte, aber gut – immerhin. So stürzte ich mich ins Verkehrschaos der Stadt, um dorthin zu kommen. Um über die erste zentrale Kreuzung zu kommen, benötigte ich ungefähr eine halbe Stunde. Von jeder der vier Seiten liefen vier Fahrspuren aufeinander zu und da die Ampelanlage nicht funktionierte, versuchte jeder auf eigene Faust weiterzukommen. Uralte amerikanische Schlitten, die noch aus der Schah-Ära stammten, schoben ihre verbeulten Kotflügel im Kriechgang vorwärts, Mack und White Trucks, aus deren Auspuffs tiefschwarze Dieselqualmwolken die Luft vernebelten, drängelten sich hupend Meter für Meter nach vorne. Die ganze Kreuzung war ineinander verkeilt, infernalischer Lärm und Gestank, das Fluchen der Trucker, das Getöse und Geschiebe, das Kreischen der unsynchronisierten Getriebe, der beißende Geruch des Bremsenabriebs, es war der siebte Kreis der Hölle. Zu Zeiten des Schahs waren alle Straßenschilder in Persisch und Englisch angeschrieben, doch der Revolutionsrat des Ayatollah hatte sie ersatzlos entfernen lassen – und so verfuhr ich mich im heillosen Durcheinander des Teheraner Straßendschungels. Gegen Abend erreichte ich doch noch mein Ziel und reihte mich zwischen etwa zehn Kollegen aus mehreren europäischen Ländern ein. Sie hatten ihre Lkws so geparkt, dass sich die Führerhäuser gegenüberstanden und die Fahrer einander sehen konnten. Ein stämmiger, blonder Österreicher klärte mich auf.

»Es hat hier einige unschöne Szenen mit der Polizei gegeben, es ist sicherer, wenn wir aufeinander achten.«

»Wie lange steht ihr denn schon hier und wieso ist die Kneipe zu, ich wollte eigentlich noch etwas von dem köstlichen Reis essen?«

»Da wirst du Pech haben, wir stehen seit einer Woche hier und seitdem ist die Spelunke geschlossen, es ist

Ramadan und sie weigern sich, uns Essen zu verkaufen. Ein paar von uns gehen langsam die Lebensmittel aus.«

»Aber was geht das uns an, wir sind keine Moslems und müssen uns nicht an die Gebote halten.«

Er seufzte: »Leider machen sie da keinen Unterschied, Ramadan für alle, jede ein bis zwei Stunden kommt ein Jeep mit der sogenannten Ramadanpolizei angefahren und kontrolliert uns, ob wir auch nichts essen, das hat der Revolutionsrat so beschlossen. Der Wirt ist total eingeschüchtert und öffnet die Kneipe auch nicht nach Sonnenuntergang. Sie drohen uns sogar mit Verhaftung, wenn wir uns nicht dranhalten.«

»Das sind ja schöne Aussichten, zum Glück hab ich noch genügend Vorräte und in zwei, drei Tagen bin ich eh wieder weg.«

»Na, wenn du dich da mal nicht täuscht«, unkte er und sollte leider recht behalten, denn als ich nach zwei Tagen ins Zollfreilager fuhr, stand mein Auflieger noch genauso da, wie ich ihn abgestellt hatte. Völlig unberührt. Auf meine Nachfrage erhielt ich die lapidare Antwort, dass die Sache in Bearbeitung sei, ich solle mich gedulden und in zwei Tagen wieder vorsprechen und überhaupt, es sei ja Ramadan. Na ja, immerhin kannte ich jetzt den Rückweg.

So fuhr ich langsam zurück, und je mehr ich mich umsah, desto offensichtlicher bemerkte ich die Veränderung, die mit diesem Land vorgegangen war. Es lag eine Hauch von Verunsicherung in der Luft, die Atmosphäre atmete Aggression, Aggression, die aus Angst entsprang, Angst vor der Veränderung, die da kommen würde und nicht einzuschätzen war. Ich war in den 70ern auf dem

Hippie Trail von Amsterdam nach Indien getrampt und hatte auch damals das Land durchquert, war überall gut aufgenommen worden und relativ problemlos gereist. Um Politik hatten wir uns nicht gekümmert, wir waren jung und hatten mit uns selbst genug zu tun. Doch damals waren die Menschen offener, kontaktfreudiger. Man sah kaum verschleierte Frauen, höchstens auf den Dörfern – und ich war überrascht und angetan von der Schönheit der persischen Frauen, schlanke Göttinnen mit blauschwarz schimmerndem Haar, fein gezeichneten Gesichtszügen mit hohen Backenknochen, dunkel strahlenden Augen, überspannt von tiefschwarzen, sichelförmigen Brauen. Und auch die Männer waren beeindruckend, oft von hohem Wuchs, breiten Schultern und gut geschnittenen, bärtigen Gesichtern mit offenem Blick. Doch nun, Tschador verhüllte Gestalten, die mit zu Boden gesenktem Blick, das Gesicht hinter Tuch verborgen, wie schemenhafte Gespenster durch die Straßen huschten, und auch bei den Männern war der offene Blick verschwunden. Der Bodensatz der Gesellschaft hatte sich der Straßen und Plätze bemächtigt. Der Wind der Denunziation wehte durch die Stadt.

Zwei Wochen saß ich fest, die Tage wollten kein Ende nehmen und die Nächte schwankten zwischen Verunsicherung und Resignation. Es war heiß auf dem ungeteerten Platz, Windböen wirbelten den Staub auf und warfen ihn gegen die Lkws. Wir waren gezwungen, die Fenster geschlossen zu halten, um nicht den ganzen Dreck in der Kabine zu haben. Tagsüber war der Platz wie ausgestorben, keine Menschenseele wagte sich in unsere Nähe, niemand wollte sich mit uns zeigen, denn alle ein bis zwei Stunden kontrollierte die Ramadanpolizei. Ein offener Jeep raste überfallartig auf uns zu und bremste in einer Staubwolke. Drei Revolutionswächter in abenteuerlicher Uniform, bewaffnet mit Kalaschnikows, aggressiv und herrisch auftretend, umrundeten die Lkws und verschwanden dann mit durchdrehenden Reifen in einer weiteren Staubwolke. Wenn wir tagsüber etwas aßen, schlossen wir die Vorhänge oder wir verschoben die Mahlzeiten auf die Zeit nach Sonnenuntergang. So verstrich die Zeit in Sinnlosigkeit und Verzagen, viele Fahrer waren mit den Nerven und ihren Vorräten am Ende und es kam zu Streitigkeiten. Hinter dem Restaurant befand sich die Dusche, eine Bretterbude, in der ein Wasserhahn ein trauriges Rinnsal von der Decke tröpfelte. Aber immerhin konnten wir uns waschen. Eines Morgens kam der Österreicher mit nacktem Oberkörper, das Handtuch über der Schulter, genau in dem Moment, als die Revolutionswächter vorfuhren, aus der Dusche. Noch bevor er seinen Laster erreicht hatte, sprangen zwei Wächter vom Jeep, packten ihn, bogen ihm die Arme auf den Rücken und zerrten ihn zum Jeep, warfen ihn auf den Rücksitz und verließen mit aufheulendem Motor den Platz. Das Ganze hatte sich so schnell zugetragen, dass wir anderen überhaupt nicht reagieren konnten.

»Verhaftet wegen unsittlichem Auftreten in der Öffentlichkeit, die sind ja komplett verrückt!«, sagte ein dänischer Kollege.

»Was sollen wir denn jetzt machen, wir können ihn doch nicht einfach hängen lassen?«

»Wenn er bis heute Abend nicht wieder da ist, müssen wir seine Botschaft verständigen.«

Darauf einigten wir uns – und natürlich war er abends noch nicht da. Und auch zwei Tage später nicht. Also nahmen wir seine Papiere aus dem Lkw, schlossen ihn ab, und der Däne und ich fuhren in die Stadt, wo wir nach langem Suchen die österreichische Botschaft fanden und die Sachen abgaben mit der Bitte, sich der Sache anzunehmen, was uns auch zugesichert wurde.

Ende der zweiten Woche hatte ich Glück, mein Auflieger war abgeladen, die Papiere unterschrieben, also fuhr ich ins Zollfreilager, um aufzusatteln.

»Endlich weg hier, die Mühsal hat ein Ende!«, dachte ich. Doch weit gefehlt, beim Rückwärtsfahren hörte ich zwar das unverkennbare Geräusch, wenn der Königszapfen des Aufliegers ins Kupplungsmaul einrastet, doch als ich nach hinten ging, sah ich, dass die Sicherung nicht zu war. Die Sicherungsnase war nicht in die Nut eingerastet, sondern stand oberhalb der Nut am Kupplungsteller an, weil sie verbogen war. Das musste mir irgendwie beim Abstellen passiert sein. Also sattelte ich wieder ab und versuchte, die Nase gerade zu biegen, brauchte sie nur einen Zentimeter nach unten drücken, konnte ja nicht so schwer sein. Erst probierte ich, sie mit dem Brecheisen nach unten zu biegen, keine Chance, sie gab nicht nach, dann drosch ich mit dem Hammer auf sie ein, sie rührte sich keinen Millimeter, es war ja alles aus Guss und der verbiegt sich nicht – allmählich geriet ich in Wallung.

»Jetzt kann ich endlich abhauen hier und jetzt das!«, schimpfte ich und fluchte in allen möglichen Sprachen, Englisch, Griechisch, Jugoslawisch und Türkisch, mein Repertoire an Flüchen war durch das Reisen mittlerweile enorm. Ich klemmte das Brecheisen zwischen Nase und Teller und sprang darauf rum, um mittels meines Gewichtes zum Erfolg zu kommen. Inzwischen hatte ich natürlich einige Zuschauer, die sich feixend amüsierten. Der Schweiß rann in Strömen an mir herunter und irgendwann rastete ich vollkommen aus. Die ganze Anspannung der letzten Tage, die Unsicherheit, die Bedrohung durch die Revolutionsgarde, das Hungern und nicht zuletzt die Hitze und der ganze Dreck, der an mir klebte, das alles entlud sich und ließ mich rasend werden. Ich drosch mit der Brechstange auf die Kupplung ein, schrie und tobte, bedrohte und beschimpfte die glotzenden Umstehenden wie ein wild gewordener Berserker. Ich war nicht mehr ich selbst, meine Belastungsgrenze war überschritten. Als ich mich wieder einigermaßen beruhigt hatte, war ich allein auf weiter Flur. Also überlegte ich: »Der Zapfen war ja in der Kupplung, der Sicherungshebel fast drin, eben leider nur fast, es fehlten ein, zwei Zentimeter und die Sicherung wäre eingerastet. Also musste ich den Hebel irgendwie verkeilen, damit er sich nicht bewegen und zurückrutschen konnte.« So montierte ich die Spannkette der Schneeketten ab, schlang sie um den Hebel und spannte sie, indem ich sie mit einem großen Schraubenschlüssel am Fahrgestell verkeilte. Ich fuhr eine Runde auf dem Platz und es hielt, also fuhr ich los, was hätte ich auch sonst machen sollen, die Reparaturwerkstätten waren der Revolution zum Opfer gefallen und eine Ersatz-GF-Kupplungsplatte wäre genauso wenig aufzutreiben gewesen wie ein anständiges warmes Wiener Schnitzel. Um es vorwegzunehmen, ich bin so die ganze Strecke bis in die Schweiz zurückgefahren, immer ein Auge im Rückspiegel, immer mit der Angst, dass ich irgendwann den Auflieger auf der Piste liegen sähe. Doch es hat gehalten, und als ich in Weinfelden in der Werkstatt ankam und der Mechaniker meine Konstruktion sah, fiel er aus allen Wolken.

»Und so bist du hierhergefahren, das kann ich kaum glauben!«, hauchte er ehrfurchtsvoll.

Doch in jenem Moment in Teheran, stand mir das alles noch bevor. Es war bereits Mittag, als ich loskam, ich würde die Grenze nicht mehr bei Tageslicht erreichen, musste also im Dunkeln fahren, das war nicht gut, einen Achsenbruch konnte ich nicht auch noch gebrauchen. Doch ich wollte nur noch eines, weg hier! So fuhr ich los, der Tank war voll, ich musste erst wieder an der Grenze tanken. Sobald ich Teheran verlassen hatte, gab es kaum noch Verkehr, der Teer der Straße war aufgeweicht und der Scania schwamm in der Lenkung, trotzdem donnerte ich mit 120 km/h über die Piste. Die Sonne hatte den Zenit überschritten und brannte so gnadenlos zum Fenster herein, dass ich mir ein Handtuch zum Schutz gegen Verbrennung um den linken Arm wickeln musste.

»Nicht mein Land, nicht mein Land!«, skandierte ich zum Röhren des Motors und malte mir aus, was ich Ueli Schürch meinem Chef erzählen würde, warum er mich nie wieder in den Iran zu schicken bräuchte. Langsam sank der glühende Planet gen Horizont, doch glaubt ja nicht, dass die Hitze dadurch erträglicher wurde, mitnichten, es wurde so schwül, dass mir der Schweiß in Strömen vom Körper rann. Erst als die Dunkelheit die Oberhoheit gewann, wurde es langsam erträglich und ich ruhiger, bis ich auf eine Straßensperre stieß. Schon von Weitem hatte ich ein Flackern bemerkt und als ich näher kam, sah ich, dass zwei brennende Ölfässer mitten auf der Straße standen. Das war normal, das war in allen Erdöl fördernden Ländern üblich, man füllte Fässer mit Ölschlacke und zündete diese als Warnung vor Baustellen und dergleichen an. Doch diesmal war es keine Baustelle, denn hinter den Fässern, gut erkennbar im Schein der Flammen, standen mehrere Soldaten und hatten ihre Kalaschnikows angelegt, und zwar auf mich.

»Oh, oh, das ist jetzt aber nicht so gut, wollen die jetzt kontrollieren, ob ich kaue, oder was!«, dachte ich und hielt an, was hätte ich auch sonst machen sollen. Ein Soldat, offensichtlich der Anführer, trat vor und richtete das MG auf mich, war ein ungutes Gefühl, das kann ich euch nicht verheimlichen.

»Wohin fahren Sie?«, schnauzte er mich auf Englisch an.

»Ich fahre zur Grenze, nach Bazargan.« Ihr glaubt nicht, wie höflich man sein kann, wenn einem jemand eine Waffe vors Gesicht hält.

»Gut, dieser Soldat«, er zeigte auf den neben ihm Stehenden, »dieser Soldat muss an die Grenze und Sie nehmen ihn mit.«

»Aber ich, äh, also …!«, wollte ich protestieren, sah dann aber direkt in den MG-Lauf und vernahm das Geräusch, das die Kalaschnikow macht, wenn sie entsichert wird. Also hielt ich meinen Mund und entriegelte die Beifahrertür, damit der Soldat einsteigen konnte. Der nun setzte sich auf den Sitz, legte das MG über seine Knie und nickte sofort ein. War anscheinend todmüde, der Kerl. Ich schielte immer mal wieder zu ihm rüber und bemerkte zu meinem Schrecken, dass die Mündung des MG genau auf mich zeigte.

»Was nun, wenn er sie nicht gesichert hat, ein Schlagloch genügt und ich bin weg vom Fenster!«, schoss es mir durch den Kopf. Ich versuchte ihn anzusprechen, doch er reagierte nicht, pennte seelenruhig im Sitzen, den Kopf nach unten hängend, die Hand auf der Knarre, deren Lauf zu mir deutete. Auf mehrfache Anrufe reagierte er nicht, also stieg ich voll in die Eisen, um ihn zu wecken, das war ein Fehler. Sein Körper schnellte nach vorne, doch das MG war schneller, rutschte über die Knie und fiel zu Boden. Als es aufschlug, löste sich ein Schuss und zischte wie eine wütende Klapperschlange hinter meinen Beinen, die ich zum Glück vorne auf den Pedalen hatte, durch und durchschlug die Fahrertür, deren Blech – Gott sei Dank – keinerlei Widerstand leistete. Nun war auch der Soldat wach, sicherte die Waffe und drehte sie um, bevor er weiterschlief. Regte ihn kein bisschen auf, war anscheinend gewöhnt an derlei, pennte weiter, als wäre nichts geschehen, indes ich zitternd, »nicht mein Land, nicht mein Land« skandierend, weiter durch die Nacht fuhr.

**

Doch nun – Urlaub. Zwei Wochen nichts zu tun als nichts zu tun und auszuruhen. Doris, die von mir Geliebte, und ich hatten beschlossen, nach Irland zu fliegen. Doris, weil sie immer schon mal hinwollte und es nie gemacht hatte, und ich, weil ich momentan keinen Sand und keine Hitze mehr ertragen konnte.

»Wahrscheinlich regnet es die ganze Zeit«, sagte Doris und rümpfte ganz leicht die Nase »bekannterweise heißt

Irland ja die Grüne Insel und grün sein kann sie ja nur, wenn es ständig regnet, also schüttet es wie aus Eimern, täglich.«

Der Morgen, an dem uns eine Freundin zum Flughafen nach Zürich brachte, war strahlend schön, worauf mich die von mir Geliebte mit einem unkenhaften »HIER ist schönes Wetter!« aufmerksam machte. Doch da ich, in Anbetracht meiner Flugangst, bereits ein Beruhigungsbierchen intus hatte, sah ich der Sache gelassen ins Auge. Beim Einchecken wurde ich dann auch herzlichst verabschiedet, das heißt, von einem mürrischen Schweizer Beamten zur Seite gewunken, musste sodann meine äußerst verdächtigen Holzclogs ausziehen, man tastete mich gründlich ab und vergaß auch nicht unter meinen Hut zu schauen, ob sich nicht etwa eine Bombe darunter befände. Der Flug war angenehm und nach kurzer Zeit schwebten wir über der Grünen Insel. Da wir aus dem Ausland kamen, mussten wir natürlich unsere Ausweise vorzeigen. Dazu saß ein Polizeibeamter in einem Glaskasten, der mir meinen Pass trotz all der »verdächtigen Stempel« mit einem Lächeln und den Worten »*Welcome to Ireland*, Markus!« zurückreichte. Ein Land, in dem man bei der Ankunft mit dem Vornamen begrüßt wird, das hatte ich auch noch nie erlebt. Ein Taxi brachte uns nach Dublin, wo wir unsere Sachen im Hotel verstauten, um uns gierig in das Straßengewühl zu stürzen, in dem es so viel Neues zu sehen gab. Der Abend war schon weit vorgerückt und in den Kopfstein gepflasterten Gassen pulsierte das Leben, es war warm und mild, Regen konnte nicht mal erahnt werden. Temple Bar, die Vergnügungsmeile, brodelte, aus allen Pubs schallte Musik und auf den Straßen tanzten die Leute. Die Aktien der Familie Guinness standen hoch im Kurs.

»Hier sind wir richtig!«, strahlte ich und auch die von mir Geliebte hatte ein Lächeln auf den schönen Lippen. Lange stand ich dann andächtig an der – Rory Gallagher Corner –, wo hoch oben an der Wand eine Stratocaster eingelassen war, und in meinem Innern konnte ich den begnadeten Gitarristen hören.

»Well I'm a million miles away / I'm a million miles away / I'm sailing like the driftwood / on a windy bay …«

Eric Clapton hat über ihn gesagt: *The man who got me back into the Blues.*

Fare well, Rory, wir sehen uns auf der großen Jamsession.

»Nun komm weiter, es gibt noch viel zu sehen!«, drängte mich die von mir Geliebte und zog mich am Arm weg von dieser Stätte, an der ich wahrscheinlich den Rest des Abends verbracht hätte, und so landeten wir an der Statue der Molly Malone, der barbusigen Mutter des Überlebenswillens der Nation, und gleich dahinter war ein Pub, aus dem die typisch irische Musik drang, also eine Musik, bei der es einem nicht gelingt, die Füße still zu halten.

»Komm, lass uns da reingehen!«, schlug ich vor. Nun weiß ich nicht, ob ihr jemals in einem irischen Pub gewesen seid, und ich meine, einen Pub in Irland, nicht einen auf dem Kontinent, also so einen, der nur so tut, als wär's einer. Wenn ihr also noch nie in einem richtigen irischen Pub gewesen seit, dann tut ihr mir leid. Oh, ihr Unwissenden!

Man tritt ein und befindet sich in einer anderen Welt, ein Wartesaal der Glückseligkeit. Holzgetäfelte Wände,

Wärme und Geborgenheit ausstrahlend, gedämpftes Licht von Lüstern, Nischen und Ecken, die zum Abhängen einladen, der meterlange Tresen mit den blinkenden Zapfhähnen, aus denen köstliches Stout und Bitter fließen, und im Hintergrund die obligate kleine Bühne, auf der die Band, umrahmt von leeren Guinness-Gläsern, eine Hommage an die Geliebte spielt.

»I'm drunk now, but you are still ugly!«

Es gibt keine Pöbeleien, keinen Stress, nur guten, reinen, melancholischen Dublin Blues.

Wir sind dann ins Hotel gewankt, unterwegs bat mich ein Bettler um etwas Geld und als ich es ihm gab, dankte er mir mit einem *»God bless you«*. Was für eine Stadt, in der die Bettler als Dank für eine Kleinigkeit Gottes Segen für den Geber erbitten! Im Hotel dann, als Doris schon schlief, sah ich noch aus dem Fenster. Unten war ein großer Hof, umgeben von einem Zaun, auf den ein Betrunkener zutaumelte und sich in einer schillernden, vom fahlen Mondlicht beleuchteten Kaskade erleichterte. Noch niemals hatte ich auf einem städtischen Müllsammelplatz übernachtet, denn das war es, was ich dort unten sah, und so verging diese erste Nacht mit dem ständig nervenden Piep – Piep – Piep der an- und abfahrenden Kehrmaschinen, die die ganze Nacht unterwegs waren, und dem kehligen Gebrüll der Arbeiter, die sich lauthals Zoten zuriefen. Und als Draufgabe gab's um 7 Uhr morgens noch einen Presslufthammer. Fleißige Leute, die Iren, das muss man ihnen lassen.

So gegen 10 Uhr ging ich, todmüde, das Auto holen, spazierte die O'Connell Street entlang, bog dann rechts in den Bachelors Walk, lief entlang des River Liffey vorbei an der Guinness Brauerei – gleich wurde mir besser – und übernahm den Toyota in der Infirmary Road. So, nun galt es sich zurückzutasten zum Hotel, wo die von mir Geliebte meiner harrte. Ich war zwar schon in England im Linksverkehr gefahren, aber mit einem Lastwagen, der eine gute Übersicht garantiert. Und nun hockte ich in einem winzigen Pkw auf der Beifahrerseite und musste zudem noch mit der linken Hand schalten. Da meine Koordinationsfähigkeiten nach der durchzechten Nacht gleich null waren, fühlte ich mich momentan ziemlich überfordert. Mein Versuch, eine Einbahnstraße in der Gegenrichtung zu befahren, schlug völlig fehl. Unversehens stand ich Aug in Aug einem Stadtbus gegenüber, dessen Fahrer die Scheibe runterkurbelte und mich freundlich darauf hinwies: »*Excuse me Sir, one-way street.*«

Beschämt suchte ich das Weite. Irgendwie fand ich doch die O'Connell Street wieder, fuhr sie hoch und bog nach rechts zum Hotel ab, wo mein Weib sich freundlich erkundigte, ob ich die Stadtrundfahrt bereits ohne sie gemacht hätte. Nun mussten wir uns nur noch raustasten aus Dublin, aber mit meiner Geliebten als Lotsen an meiner Seite konnte nichts mehr schiefgehen.

»Ich achte auf den Verkehr und du auf die Schilder!«, kommandierte ich barsch und bog wieder in die O'Connell Street ein. »Komisch, hier sieht man nur Taxis und Busse!«

»Das kann ich dir erklären«, sagte Doris und lächelte süffisant, »da vorne war ein Schild, nur Taxis und Busse erlaubt, gesperrt für Individualverkehr.«

So war ich also zweimal durch die gesperrte Zone gefahren – und wisst ihr was?! Das Erstaunlichste dabei war, kein einziger Taxifahrer, kein einziger Buschauffeur hatte gehupt, geschweige denn sich aufgeregt. Und auch jetzt wusste ich mir zu helfen.

»Sieh einfach nicht aus dem Fenster, dann fallen wir gar nicht auf!«, sagte ich und gab Gas.

Nun ging's die Küste entlang nach Norden über Drogheda und Dundalk nach Ballymartin, unserem Ziel für diesen Tag. Grüne, hügelige Landschaft, Sonne, Wolken und rechter Hand brandete die Irische See, das Wetter änderte sich im Stundentakt, ein kurzer Regenschauer wurde abgelöst von strahlendem Sonnenschein, der dann kurz darauf vom wolkenverhangenen Himmel verdrängt wurde. Wild und doch lieblich zugleich, das ist Irland. Und grün, so grün. Abends dann das Hotel, direkt am Meer gelegen, war eigentlich mehr Burg denn Haus, besaß sogar einen eigenen Turm, in dem sich oben das Zimmer der Geisterfrau befand, die dort jede Nacht spucken sollte. Einer seiner Vorfahren, so erzählte uns der Wirt, habe die hässlichste Frau im Dorf geheiratet, nur um sie zu schwängern und als sie ihm einen Sohn gebar, sperrte er sie ins Turmzimmer, da er ihren Anblick nicht mehr ertragen konnte. Dort saß sie Jahr und Tag und verzehrte sich nach ihrem Kinde, das von einer Magd aufgezogen wurde. Eines Nachts versuchte sie in ihrer Verzweiflung aus dem Fenster zu klettern, stürzte ab und starb zerschmettert am Fuße des Turms. Seitdem geht sie dort um. Na servus, raue Sitten bei den alten Iren! Wir speisten fürstlich im Rittersaal, bewacht von mehreren Rüstungen, die mit blank gezogenen Waffen durch die Schlitze ihrer Helme neidisch auf unsere Teller starrten, das Essen war hervorragend und das Guinness floss wie von alleine in uns, sodass wir bester Stimmung waren. An Schlaf war auch diese Nacht nicht zu denken, denn unter unserem Zimmer war die Schankstube, dort fand eine Hochzeitsfeier statt und einer der betrunkenen Gäste hatte sich ein Laken übergeworfen, mit dem er heulend durch die Gänge rannte, Geisterfrau lässt grüßen. Am nächsten Morgen, müde und verkatert, war ich durch all das Linksfahren – das Lenkrad, die Schaltung und der Blinker auf der falschen Seite (Touristen erkennt man übrigens daran, dass sie beim Abbiegen mit dem Scheibenwischer blinken) – so verwirrt, dass ich einen Augenblick lang nicht mehr wusste, ob ich die Gabel links und das Messer rechts oder die Gabel rechts und das Messer links halten sollte. Erschwerend kam noch dazu, dass ich mir einen Toast machen wollte und keine Ahnung hatte, wie der archaische Toaster funktionierte. Derselbe war ein klumpiger Eisenkasten mit einer Art Förderband, das ratternd in seinem Inneren verschwand und der mich hämisch anstarrte, als wollte er sagen: »Nur für Eingeweihte!«

Eine freundliche Irin hat mich dann aus meiner Notlage befreit, indes die von mir Geliebte sich prächtig über meine Unbeholfenheit amüsierte.

Wir sind weitergefahren nach Malin Head, dem nördlichsten Punkt der Insel, einsame Strände, raue See, schwarzer Fels, der mit der Brandung ringt, Tag und Nacht. Abends dann Londonderry – das beste Steak, das ich in meinem Leben je gegessen habe! Als ich das Können des Kochs begeistert lobte, wurde ich vom Kellner mit Freundlichkeit und den besten Wünschen überschüttet. Gäbe es die Freundlichkeit nicht, die Iren hätten sie erfunden.

Tags darauf waren wir in Glencolumbkille, ein nachgebautes, historisches Dorf im äußersten Westen, unsägliche Weiten, Nebel, der wie ein Schleier vom Himmel fällt, schwarze Torfkanäle, Falten im Gesicht der Erde. Wir sind eine kleine Anhöhe hinaufgestiegen, vorbei an einem Hof, aus dem ein Border Collie scheeläugig und knurrend auf meinen Schirm starrte und ein fetter Ire, der seine drei Kühe den Hang hinaufgetrieben hatte, atemlos über dem Gatter hing, weil sein Herz zu zerspringen drohte. Die Rückfahrt führte über enge zugewachsene Straßen, Gegenverkehr meist von Geländewagen, die wie Kanonenkugeln aus den Kurven schossen und mich dazu nötigten, die linke Seite des Toyotas zu zerkratzen. Die Iren rasen, immer und überall, wie im Zwang, und meine Doris hat folgende Überlegung dazu angestellt.

»Obwohl die Straße so schlecht ist, dass höchstens 80 km/h möglich sind, fahren die Iren 100 km/h, weil ja 100 km/h erlaubt sind. Die Iren denken, wenn 100 km/h auf den Schildern steht, muss auch 100 km/h gefahren werden«, erklärte sie und lächelte dabei kryptisch. Donnerwetter, darauf muss man erst mal kommen! Auch für das traditionelle fade Essen, also völlig ungewürztes Fleisch, Kartoffeln und Kraut, das sich die Einheimischen in Massen einverleiben, hatte sie eine einleuchtende Erklärung:

»Sie sind so dick, weil das Essen vollkommen nach nichts schmeckt, und so essen sie einfach immer weiter in der Hoffnung, dass es irgendwann doch noch köstlich wird.«

Abends waren wir in Achill Island, die Reduzierung auf das Minimum, windige Weite, phantastische Ausblicke auf die Küste und dunkle, tiefe Wasser. Unser Abendspaziergang führte uns in die Stille, nur das Knarzen des wassergetränkten Grasteppichs war unser Begleiter, bis wir auf einen Zaun stießen, auf dem eine zerzauste Bande von Raben wie ein mystisches Druiden-Orakel hockte und wissend mit den Köpfen nickte.

»Krah, krah, krah!«

Und als wir so von Grasbüschel zu Grasbüschel hüpften, um keine nassen Füße zu kriegen, da hatte die von mir Geliebte eine weitere Eingebung.

»Und so haben die Iren den Dreisprung erfunden«, erklärte sie mir, »denn Seamus ist einmal abends übers Moor ins nächste Pub gegangen und um seine neuen Schuhe zu schonen, ist er über die Pfützen gesprungen. So war's.«

Kann man diese Frau nicht lieben – kann man nicht.

Wasser war dann unser ständiger Begleiter. Am nächsten Tag in Galway regnete es, morgens rüttelte der Wind an den Fensterläden und erheischte Einlass, abends, downtown sprühte es aus allen Richtungen, es war unmöglich, sich davor zu schützen. Ich hatte als Einziger einen Schirm dabei; hielt ich ihn über den Kopf, wurden meine Beine nass, schützte ich die Beine, blies mir der Wind die Gischt in die Augen, es war, als würden wir in einer Autowaschanlage stehen, das Einzige, was geholfen hätte, wäre ein Neoprenanzug gewesen oder eine Ganzkörperfolie. Die Einheimischen jedoch nahmen keinerlei Notiz davon, die Stadt war voller Leben und brodelte, das bisschen Regen, aber hallo, es war ja warm und ein Pup reihte sich an den anderen. Girls mit Cocktailkleidern flanierten durch die Straßen und hatten ihre eigene Art, damit umzugehen. Draußen auf der durchweichten Gasse trugen sie Flipflops, die sie dann kurz bevor sie eine Kneipe betraten, blitzschnell gegen High Heels, die sie in der Handtasche mit sich trugen, austauschten. Man muss sich nur zu helfen wissen. Als wir dann spätnachts mit dem Taxi ins Hotel zurückfuhren, zahlte Doris, weil sie den Geldbeutel verwahrte.

»Ich arbeite und meine Frau gibt das Geld aus!«, meinte ich scherzhaft zum Fahrer, da grinste er und antwortete:

»Das gibt's in Irland auch.«

Wir sind einander näher, als wir glauben.

***

Meine nächste Tour führte mich wieder zurück in den Mittleren Osten, ich hatte Material für eine Baustelle einer deutschen Firma in Taif, Saudi-Arabien, geladen. Und ich hatte meinen 281er MAN zurück, die Sattelplatte war ausgetauscht worden und Ueli Schürch hatte mir grinsend mein Fahrtgeld in die Hand gedrückt.

»Wenn einer dä MAN wieder hei' bringt, denn du.«

So fuhr ich los, alles ging gut, bis ich in den Bergen Griechenlands merkte, dass der Lkw nicht mehr richtig zog, zuerst konnte ich mir den Leistungsverlust nicht erklären, aber als es dann immer schlimmer wurde – ich kam kaum noch die Berge hoch –, fuhr ich rechts ran, um nachzusehen. Nachdem ich das Fahrerhaus hochgepumpt hatte, fand ich auch gleich die Ursache. Der

Hartgummischlauch, der den Turbo und den Motor verband, war alt und porös geworden und jedes Mal, wenn ich Gas gab, zog er sich zusammen und der Motor bekam keine Luft.

»Na gut«, beruhigte ich mich, »im Londra Camp kann ich das reparieren lassen.« Also zuckelte ich die restlichen 300 Kilometer so vor mich hin und erreichte spätabends Istanbul. Die Werkstatt im Camp war schon zu, also genehmigte ich mir ein paar Efes und schlummerte dann selig in Erwartung der Dinge, die da kommen würden. Inschallah!

Doch so einfach, wie ich sie mir ausgemalt hatte, war die Sache nicht. Der Mechaniker besah sich das Übel und schüttelte dann den Kopf.

»So einen Schlauch habe ich nicht auf Lager, den müsste ich bestellen.«

»Und wie lange würde das dauern?«

»So zwei bis vier Wochen, so Gott will.«

»Vier Wochen«, ich war entsetzt, »so lange kann ich unmöglich warten, außerdem muss ich das Land in sechs Tagen verlassen haben.«

»Dann muss ich mir etwas einfallen lassen, lass mir den Schlauch da und komm heute Abend wieder.«

So trollte ich mich und verbrachte den restlichen Tag in der Kantine in Gesellschaft einiger Kollegen, abends ging ich dann zurück in die Werkstatt, wo der Mechanikus mir den Schlauch in die Hand drückte.

»Probier mal, drück ihn zusammen!«, grinste er.

Ich packte zu, aber es gelang mir nicht, der Schlauch war hart wie ein Brett.

»Perfekt, Mann, was hast du gemach?«, wollte ich wissen, da zeigte er es mir. Er hatte aus einem 5 mm dicken Draht eine Spirale gedreht und sie fachmännisch ins Innere des Schlauches platziert, sodass der sich nicht mehr zusammenziehen konnte, er hatte dem porösen Schlauch sozusagen ein inneres Gerüst gebaut und, um es vorwegzunehmen, es hat gehalten, den ganzen Weg durch Saudi-Arabien und zurück. Soll einer sagen, die Jungs wüssten sich nicht zu helfen.

Mühelos durchquerte ich das Land, nur dass ich diesmal in Ankara rechts abbog, um dann vorbei am silbern glänzenden Binnenmeer Tuz Gölü, meinem alten Freund, über Aksaray und Adana nach Gaziantep fuhr, um dann die Grenze nach Syrien zu passieren. Von da an stockte es, denn nun hieß es, im Konvoi zu fahren. Beladene Trucks mussten Syrien unter dem Schutz des Militärs durchqueren. »An und für sich nichts Schlechtes«, dachte ich, »da kann uns schon nichts passieren«, aber leider war die Ausführung dieser Bestimmung mehr als chaotisch.

Bis Dera, an der jordanischen Grenze, waren es etwa 500 Kilometer. »Kein Problem«, dachte ich, »das ist an einem Tag locker zu schaffen.« Von wegen, wir haben den ganzen Tag und die darauffolgende Nacht gebraucht. Erst mal mussten wir am Grenzübergang warten, bis so etwa hundert Lkws zusammen waren, das staute sich nach hinten so weit mein Auge sehen konnte. Irgendwann endlich, mittlerweile stand die Sonne schon recht hoch, ging's dann los, zwei Militär-Lkws fuhren voraus, dann folgten ungefähr zwanzig Trucks und nach einer Lücke wiederum zwei Militär-Laster, gefolgt vom nächsten Pulk Trucks und so weiter, der ganze Konvoi zog sich schätzungsweise über fünf Kilometer hin. Ich war vorne in der ersten Gruppe zusammen mit einem Österreicher, mehreren Bulgaren und Rumänen. Die Militärs fuhren recht schnell, und da wir alle starke Fahrzeuge hatten, ging es flott voran. Bis kurz vor Damaskus, dann wurde haltgemacht und uns mitgeteilt, dass wir hier auf den Rest des Konvois warten mussten, da wir Damaskus erstens nur alle zusammen und zweitens erst ab 10 Uhr abends durchqueren durften, um die Verkehrsbelastung so gering wie möglich zu halten. Na servus! Aber es war sowieso schon egal, da viele syrische und türkische Lastwagen mitfuhren, die derart beladen waren, dass sie nur im Schneckentempo weiterkamen. Als wir Damaskus erreicht hatten, waren die meisten grade mal in Aleppo. So parkten wir uns hintereinander, während die Soldaten an der Reihe auf und ab patrouillierten.

»Jetzt stehe ich hier vor einer der bedeutendsten Städte der Weltgeschichte und kann nicht weg, mir all die historischen Orte anzuschauen!«, dachte ich resigniert. Zum Beispiel die Omajaden Moschee, in der der Kopf von Johannes dem Täufer seine letzte Ruhe gefunden haben soll, nachdem die schöne Salome, angestachelt durch ihre Mutter, von Herodes Antipas das Haupt des Heiligen als Lohn für ihren erotischen Tanz forderte. Oder das Grab des Saladin, des Gegenspielers Barbarossas, der selbst den mächtigen Kreuzfahrer Richard Löwenherz in seine Schranken verwiesen und ihm die heilige Stadt Jerusalem wieder abgejagt hatte. Auch Spuren, die auf den Apostel Paulus hinweisen, soll es geben, und im nahe gelegenen Dorf Maalula hat sich das Aramäische bis zum heutigen Tag erhalten, sodass dort das Vaterunser immer noch in derselben Weise gebetet wird, wie Jesus es mit seinen Jüngern tat. Doch es war nichts zu machen, ich saß fest. Wie immer im Orient, kam das Dunkel der Nacht schnell und fast übergangslos, über uns funkelten die Sterne und vor uns schimmerten die Lichter der Stadt, es war mittlerweile 10 Uhr und noch immer rührte sich nichts und da ich morgens früh losgefahren war, wurde ich nun von Müdigkeit übermannt. Also hatte ich die Arme über dem Lenkrad verschränkt und döste vor mich hin, als plötzlich in der Nähe ein Schuss knallte. Ich fuhr hoch, was war los, wurden wir angegriffen, oder was! Ich lauschte regungslos, dann sah ich, wie der Österreicher, der direkt vor mir stand, vorsichtig an seinem Auflieger entlang auf mich zuschlich, ich drehte das Fenster runter.

»Hast du das gehört, das war doch ein Schuss, rauben die uns jetzt aus, ist das ein Überfall, oder was!«

»Keine Ahnung, aber es war ja nur ein Schuss, jetzt ist es still, vielleicht war's ja auch ein geplatzter Reifen«, beruhigte ich ihn und nicht zuletzt mich selbst.

In diesem Moment klopfte es zaghaft an meine Beifahrertür. Draußen stand ein syrischer Soldat und winkte mir, ich solle öffnen.

»Mach lieber nicht auf, womöglich killt der dich!«, mahnte der Österreicher.

»Ach was, die sind doch auf unserer Seite.«

Ich rutschte rüber und schwang die Tür auf, sofort fiel der Syrer mit einem geflüsterten Wortschwall über mich her. Das Einzige, was ich verstand, war: »*musaba* (verletzt)« und »*help*«, dann zeigte er auf seinen Fuß, der Stiefel seines rechten Fußes war blutverschmiert und jetzt verstand ich, er wollte Verbandszeug. Schnell kramte ich meinen Verbandskasten vor und bedeutete ihm, sich auf die Erde zu setzten und den Schuh auszuziehen. Als der unten war, sah ich auch, was passiert war. Er hatte einen glatten Durchschuss! Während ich den verletzten Fuß verband, die Blutung war nicht mehr stark, erzählte er. Er war Patrouille gegangen, dabei hing das Gewehr mit der Mündung nach unten über seiner Schulter. Wahrscheinlich hatte er vergessen, es zu sichern, und als er im Gehen gedankenlos am Abzug spielte, löste sich ein Schuss und durchschlug den Fuß. Jetzt hatte er natürlich mächtigen Schiss vor seinem Offizier, der ihn zur Sau machen würde, und deswegen hatte er sich an uns gewandt. Als ich geendet hatte, humpelte er, den Stiefel in der Hand, davon.

»Na, wie er das vor seinem Offizier verbergen will, sehe ich auch nicht!«, sagte ich, der Österreicher schüttelte nur den Kopf.

»I werd narrisch, a so a blöder Hund!«

Fernfahrer reden nie lange um den heißen Brei, kommen gleich zum Punkt, na klar, sind ja auch immer unter Zeitdruck.

Und dann ging's los, aber hallo! Die Militärs fuhren ab wie die buchstäbliche Feuerwehr, erst ging stundenlang gar nichts und nun musste alles so schnell wie nur möglich ablaufen. Es war spät in der Nacht, Damaskus lag im Schlummer, die Straßen waren leer, die Kreuzungen frei, die Ampeln aus. Das Tempo wurde so hoch, dass die ersten Lücken entstanden, nur ja jetzt nicht den Vordermann verlieren, jeder versuchte an jedem dranzubleiben, es war die wilde Hatz. Wäre man abgehängt worden, hätte man nie wieder aus Damaskus rausgefunden, es gab ja kaum Beschilderung und bei dem Tempo war keiner in der Lage, auf Schilder zu achten. Dass sich alles ohne Unfall abspielte – wir rauschten mit 80–90 km/h durch die Stadt – war sowieso ein Wunder. Ich hatte mich ins Heck des Österreichers verbissen, der wiederum ins Heck seines Vordermanns und so ging das nach vorne weiter bis zum Ersten, der direkt hinter dem rasenden Militärfahrzeug fuhr und verzweifelt versuchte, den Anschluss nicht zu verlieren. Man musste ja dranbleiben, es war unter Strafe verboten, den Konvoi zu verlassen. Gelinde gesagt, der reine Irrsinn! Ich war so aufs Fahren konzentriert, dass mir erst hinterher klar wurde, was für ein Risiko wir eingegangen waren. Ein Unfall, womöglich mit Personenschaden, wir wären unweigerlich im Knast gelandet, und das hier im Orient, nicht auszudenken! Wären wir einfach stur beieinandergeblieben, was hätten sie machen sollen, sie hätten das Tempo verlangsamen müssen, auf uns warten, doch so hatten sie uns am Arsch, wir sind ihnen in die Falle gelaufen. Dass in unserer Gruppe alles gut ging, war reiner Zufall, was hinter uns geschah, tangierte uns nicht mehr, denn als wir Damaskus verlassen hatten, drehte der Militärjeep um und verschwand, sodass wir unbehelligt in der Morgenröte die jordanische Grenze erreichten. Die paar Kilometer durch Jordanien waren schnell erledigt und so gelangten wir am späten Nachmittag nach Al Madithah, der saudi-arabischen Grenze. Hier war ich zum ersten Mal, das war absolutes Neuland für mich und dementsprechend neugierig und aufgeregt war ich. Den ersten Eindruck von den Saudis hatte ich bereits auf der jordanischen Seite bekommen. Da im Königreich striktes

Alkoholverbot bestand, fuhren die Saudis die wenigen Kilometer nach Jordanien, um sich in der Grenzstadt volllaufen zu lassen. Überall in den Straßen parkten die dicken Daimler und Cadillacs, deren Fahrer in den umliegenden Kneipen bei Bier und Wein zechten und sich aufführten, als gehöre ihnen die Stadt. Sie warfen, im wahrsten Sinne des Wortes, mit Geldscheinen um sich und schikanierten die Kellner, die sich das demütig gefallen ließen. Der Kniefall vor dem Götzen Mammon. Während wir auf die Verzollung warteten, aßen der Österreicher und ich in einem Restaurant und sahen staunend, wie die Zecher sturztrunken über die Straße zu ihren Autos taumelten und dann mit röhrenden Motoren völlig unbehelligt von den Straßenzöllnern zurück über die Grenze rasten.

»Na servus«, staunte der Steirer, der ebenfalls zum ersten Mal hier war, »die führen sich auf wie die Paschas, das kann ja noch heiter werden.«

»Na ja«, antwortete ich resigniert, »so ist es eben, Geld regiert die Welt.«

Kollegen hatten mir erzählt, dass man für eine Flasche Whisky bis zu 300 Dollar auf dem Schwarzmarkt bekommen könnte, also nahmen manche Fahrer den Einsatz aus dem Luftfilterkasten, in dem dann drei bis vier Flaschen über die Grenze geschmuggelt wurden. Ein schöner Nebenverdienst. Allerdings war's leicht möglich, dass die Aktion in einem saudischen Kerker endete, und das war dann sicherlich alles andere als ein Vergnügen.

Die saudische Zollanlage bestand aus mehreren Verwaltungsgebäuden und einem staubigen Platz mit einer langen, überdachten Rampe, an der die Lkws verkehrt herum, also mit dem Führerhaus direkt zur Rampe parkten, um wenigstens die Kabine im Schatten zu haben, denn wie wir am nächsten Tag feststellten, brannte die Sonne bereits um 9 Uhr morgens erbarmungslos. Um 10 Uhr hatten wir bereits 42 Grad Celsius erreicht. Da ich keine Klimaanlage hatte, kurbelte ich die Fenster runter, um wenigstens ein Minimum an Durchzug zu schaffen, was jedoch lediglich zur Folge hatte, dass es im Führerhaus genauso heiß war wie draußen. Neben mir stand ein Deutscher, der seine Anlage durchgehend laufen ließ und den Lkw nur verließ, um auf die Toilette zu gehen. Der Steirer und ich hatten unsere Klappstühle in den Schatten des Aufliegers gestellt und trieften leise vor uns hin. Nach einer Weile gesellten sich noch ein alter Grieche und ein junger Pole zu uns, wir spielten Karten und ließen eine Wasserflasche reihum gehen, indes der Deutsche in seinem temperierten Führerhaus hinter zugezogenen Vorhängen seinem Licht und Hitze scheuenden Dasein frönte.

»Vielleicht is'a ein Vampir, der verbrennt, wann er an die Sun kummt«, mutmaßte der Steirer. Doch so recht wollt's keiner glauben.

Fünf Tage geschah – nichts. Doch dann am sechsten Tag kam Bewegung in die Sache. Mit wehendem Gewand schritt ein Zollbeamter auf uns zu, im Schlepptau hatte er zwei pakistanische Arbeiter und einen Staplerfahrer. Der Grieche und ich waren zur Revision vorgesehen, unsere Ladung sollte untersucht werden. Die Arbeiter warfen die Plane des Aufliegers nach oben, öffneten die Läden und der Staplerfahrer begann eine Palette nach der anderen in den Sand zu stellen, wo der

Zöllner dann den einen oder anderen Karton aufriss und in Augenschein nahm. Da ich ein verschachteltes Sammelsurium von Paletten, Kartons und Kabelrollen geladen hatte, die Zwischenräume mit Kanthölzern und leeren Paletten ausgefüllt waren, beschlichen mich nun arge Bedenken, ob die Pakistanis das je wieder so stabil und rutschsicher verladen könnten wie zuvor. Der Grieche neben mir hatte augenscheinlich dieselben Vorahnungen und überschüttete die Arbeiter mit einem Wortschwall. Natürlich hatte er recht, wir hatten noch tausend Kilometer Wüste zu durchqueren und konnten nicht riskieren, dass sich die Ladung verschob oder dergleichen. Doch die Jungs waren geübt, jedenfalls bei mir ging's gut, alles kam mehr oder weniger stabil an seinen Platz zurück. Doch Konstantin, der Grieche, war nicht zufrieden, er nörgelte und schimpfte, hampelte rum und war den Arbeitern stets auf den Fersen. Bis es einem, dem Staplerfahrer, zu viel wurde und er zum Griechen gewandt sagte: »*Fuck your Mother!*« Konstantin erstarrte, es war, als hätte ihn ein Blitz getroffen, als hätte ihn der Schlag gerührt, sein Gesicht wurde aschfahl und er zitterte am ganzen Leib.

»Hast du das gehört, hast du das gehört, meine Mutter, er hat meine Mutter beleidigt, er hat die Ehre meiner Mutter beschmutzt, hast du das gehört!«

»Wahrscheinlich weiß er gar nicht so recht, was er da sagt, vielleicht kennt er die Bedeutung nicht!«, versuchte ich ihn zu beruhigen, doch umsonst.

»Er muss bestraft werden, ein Mann kann sich beleidigen lassen, demütigen lassen, es mag Gründe geben, die es ihm versagen sich zu rächen, seine Ehre wiederherzustellen, doch die Ehre eines Mannes Mutter ist heilig, unantastbar! Kein Feind mit Ehrgefühl im Leibe wird sich herablassen, die Mutter des Gegners zu verunglimpfen, dieses Schwein muss bestraft werden, er kann froh sein, dass ich kein Kreter bin, sonst hätte er bereits ein Messer im Leib!«

Noch nie hatte ich einen Menschen so außer sich gesehen, ich konnte ihn nicht beruhigen.

»Ich werde zu seinem Vorgesetzten gehen, der wird ihn bestrafen, du musst mit mir kommen, mein Englisch ist schlecht, du musst für mich übersetzten und du musst es bezeugen.«

Das war mir gar nicht recht, natürlich war es dumm von dem Pakistani, so etwas zu sagen, aber sicherlich hatte er sich nichts dabei gedacht und mir war es zuwider, jemanden anzuschwärzen. Also ging ich zu ihm und versuchte ihm verständlich zu machen, dass er einen Fehler gemacht hatte. Ich erklärte ihm, dass die Menschen im südlichen Europa ihr Ehrgefühl über alles stellen und bat ihn, sich doch bei dem Griechen zu entschuldigen. Der Staplerfahrer, ein älterer Mann mit dunkler Haut und kahlköpfig, starrte mich aus blutunterlaufenen, verquollenen Augen an und sagte in perfektem Englisch:

»Was gehen mich die Scheißsüdeuropäer an, *fuck yourself*!«

»Na gut«, dachte ich, »ein absolut uneinsichtiger, unfreundlicher Mensch, macht keinen Sinn auf ihn zuzugehen.« Ich überlegte noch kurz, ob ich ihm erklären sollte, dass – *fuck yourself* – technisch kaum machbar war, verwarf den Gedanken aber wieder.

Konstantin bedrängte mich den ganzen Abend und

so begleitete ich ihn am nächsten Morgen ins Zollbüro und übersetzte. Der Vorstand saß hinter seinem marmornen Schreibtisch und strahlte Gelassenheit aus, sein Gesicht, umrahmt von einem Bart, war entspannt, doch seine dunklen Augen begannen zu funkeln, als ich den Fluch des Pakistani erwähnte und ihm erklärte, dass der Grieche Bestrafung forderte.

»Nichts ist verwerflicher als das«, sprach er martialisch, »sagen Sie dem Griechen, der Mann wird unverzüglich in seine Heimat zurückgeschickt und ich hoffe, damit ist seiner Ehre Genüge getan.«

***

Kurz vor Sonnenaufgang wischte ich mir den Schlaf aus den Augen und fuhr los, noch befand sich die Welt in der lautlosen Starre zwischen Nacht und Tag. Ein warmer Wind hauchte seinen Dunst zum Fenster herein und ließ bereits die Hitze des kommenden Tages erahnen. Vor mir lag die saudische Wüste, bis Dammam am Golf von Oman waren es ca. 1300 Kilometer, doch nach 820 Kilometern würde ich an der ersten großen Kreuzung rechts abbiegen, Richtung Riad. Nach 800 Kilometern die erste große Kreuzung, unglaublich! Von dort würde es dann weitergehen nach Taif, das etwas unterhalb von Mekka liegt. Alles in allem hatte ich etwa 2200 Kilometer Wüste vor mir. Verfahren war unmöglich, es gab nur diese eine Straße, an der entlang die Trans-Arabian Pipeline das Land durchquerte. Als es hell wurde, war um mich nur Sand, Sand, braun und fleckig, so weit das Auge reichte, der Horizont dunkelte in weiter Ferne, langsam schob sich die Sonne über den Rand der Welt, erst war es ein kleiner rot leuchtender Bogen, dann, je höher sie stieg, verwandelte sie sich in einen glühenden Feuerball. Noch nie hatte ich es so eindrucksvoll gesehen, wie der riesige Planet sich aus der Tiefe des Weltalls erhob. Da zwischen mir und dem Horizont nichts war, kein Berg, nicht die kleinste Erhebung, war ich überwältigt von der Majestät dieses erhabenen Gestirns. So gigantisch und feurig, ich sah die wabernden Protuberanzen (zumindest vermeinte ich sie zu sehen), nur Sonne und Erde, die Urelemente allen Seins, und mittendrin ich, Rehmann, der menschliche Wurm, in seinem verbeulten, geflickten Fetzen-MAN, der zu erahnen beginnt, wie unwichtig und vergänglich er ist im Angesicht all dessen. Ein Winzling – nicht mehr als ein Fliegenschiss im All.

Und doch hatte Euphorie mich erfasst.

»Ich lebe, ich atme, ich bin Teil davon, nicht mehr als ein Sandkorn zwar, doch verbunden mit all dem da draußen!«

Und so überkam mich eine große Ruhe und Freude, ich war mit mir im Reinen.

Es wurde heiß, sehr heiß, mein Thermometer zeigte um 10 Uhr morgens bereits 48 Grad, ich fuhr wieder mit Handschuhen, da der Schalthebel zu heiß zum Anfassen war, der Asphalt glühte und an manchen Stellen war der Teer geschmolzen, so fuhr ich höchstens 70 km/h aus Furcht um meine Reifen. Die Kühlertemperatur meines MAN war okay, offensichtlich steckte er die Hitze locker weg, der Motor lief rund und einen Kanister mit Öl hatte ich dabei. Leider war mir ein großes Stück vom Fahrersitz abgebrochen, sodass ich mehr oder weniger auf einer Arschbacke fuhr, außerdem waren die Halterungen am Tank durchgerostet, ich hatte ihn mit zwei Spannsets hochbinden müssen, damit ich ihn nicht verlor. Viel durfte nicht mehr passieren. Hier waren wir, Mann und Maschine, eine Einheit, verbunden auf Gedeih und Verderb. Ich war eigentlich nie für Trucker-Romantik zu haben, es gab ja Fernfahrer, die behandelten ihren Truck zärtlicher als ihre Frauen, kannten jede Schraube, putzten und wuschen ihn öfter als sich selbst, wünschten ihm wahrscheinlich ein »Schlaf gut«, bevor sie die müden Augen schlossen. Das war nie mein Ding, der Lkw war in erster Linie eine Maschine, die mich und die Ladung von A nach B beförderte, mehr nicht. Doch hier in dieser Wüste, umgeben vom buchstäblichen Nichts war es anders, hier war ich auf ihn angewiesen, würde er mich im Stich lassen, wäre ich aufgeschmissen (gelbe Engel waren weit weg, Notrufsäulen gab's keine, Raststätten waren eher rar), er war jetzt nicht einfach nur Transportmittel, sondern überlebenswichtig. So behandelte ich ihn instinktiv rücksichtsvoller, fuhr vorsichtiger, gönnte ihm auch mal eine Pause zum Abkühlen und wenn's beim Schalten krachte, rutschte mir auch mal ein »Sorry Mann!« raus. Oder hatte ich schon den Wüstenkoller? Die 800 Kilometer zogen sich, doch da ich früh losgefahren war, erreichte ich am frühen Nachmittag die besagte Kreuzung, an der auch tatsächlich ein verwittertes Schild den Weg nach Riad wies. War aber eigentlich unnötig, es ging eh nur nach rechts. Beiderseits der Straße hatten die Saudis kleine Podeste aufgestellt, auf denen zerstörte Unfallautos als Abschreckung ausgestellt waren. Dahinter stand ein Zelt, in dessen

Schatten ein Sohn der Wüste saß und gekühlte Getränke anbot. Er bewachte zwei Kühlschränke, die von einem Generator gespeist wurden, der hinter dem Zelt im Sand stand und einen Höllenlärm machte. Doch mir war's recht, draußen waren's so um die 50 Grad, und da ich ja keinen Kühlschrank besaß, hatte ich den ganzen Tag nur pisswarmes Wasser getrunken. Und nun das, eiskalter Orangensaft, oh köstlicher Trunk! Es rann in meine Kehle wie Labsal, auf einen Zug leerte ich zwei Dosen und öffnete die dritte. Es war wie ein Zwang, ich konnte nicht aufhören, obwohl mein Körper zu rebellieren begann, überhitzt wie er war, reagierte er mit einem Schock, ich zitterte regelrecht und kalter Schweiß rann mir den Rücken hinab. Ich hatte einen Fehler gemacht, ich musste mich zwingen aufzuhören, das eiskalte Zeug in mich reinzuschütten. Und glaubt mir, es war eine Willensanstrengung ohnegleichen, ich fühlte mich wie ein Junkie, ich war an eine Grenze gestoßen. Also kaufte ich noch einen 5-Liter-Plastikkanister Wasser, den ich in meinen Schlafsack wickelte, um ihn wenigstens eine kleine Weile kühl zu halten, und fuhr weiter. Und nun änderte sich die Landschaft. Die Straße lief schnurgerade in eine betörend schöne Dünenlandschaft, so hatte ich mir die Wüste vorgestellt. Das Licht war jetzt sanfter und illuminierte den Sand in mannigfaltigen Farben und Schattierungen, von sanft geschwungen bis zu schroff abstrahiert; von weichen, wellenförmigen Schwüngen bis hin zu scharf kontrastierten Kanten, über die Sandkörner wie glitzernde Perlen rieselten, war alles zu sehen, dazu ein Meer, was sag ich, ein Sandmeer von Farben. Die sonnenabgewandte Seite in dräuendem

Bläulich, die Wellentäler in rötlich braunem Samt, gesäumt von den hell schimmernden Dünenspitzen. Die Konturen der bogenförmigen, scheinbar ins Endlose laufenden Dünentäler in wundersamer Schönheit, all das machte mich wonnetrunken, atemlos überwältigt, mir war wie im Traum. Eine Herde wilder Kamele schritt majestätisch mit hochmütig erhobenen Häuptern durch den Sand, die langsam sinkende Sonne tauchte all das in ein unwirkliches Licht. Ich war vollkommen allein auf der Straße, die jetzt aus den Dünen in einen flachen Teil überging. Also parkte ich den MAN und lief weit hinein in diese Pracht und es war, als stände ich auf dem Mond, bis hin zum Horizont war – nichts, die vollkommene Leere, nichts, woran das Auge sich festhalten konnte. Mir wurde schwindlig, ich konnte über den Rand der Erde sehen, sah die Krümmung des geliebten Planeten. Der einzige Fixpunkt war mein Lkw, ich musste immer wieder zu ihm zurückschauen, um nicht weggerissen zu werden in die Unendlichkeit. Schnell wurde es Nacht, die Dunkelheit raste auf mich zu, umhüllte mich, warf ein schwarzes Tuch über mein Haupt, ich taumelte, konnte den Laster kaum noch ausmachen, tappte blind durch lichtlose Finsternis, bis ein strahlender Stern am Himmel erschien und dann noch einer und dann immer mehr, viele, unendlich viele, bis das Firmament lückenlos übersät war mit Sternen, die mir den Weg wiesen zurück zu meinem Refugium, zurück zum MAN. Müde, kaputt und überreizt, wie ich war, beschloss ich hier zu übernachten. Ich drehte beide Fenster runter und legte mich aufs Bett. Es war heiß, ich hatte immer gedacht, dass die Wüste sich nachts abkühlt, aber das war wohl in der Sahara der Fall, hier mitten im Herzen Saudi-Arabiens zeigte das Thermometer 38 Grad. Der Schweiß lief mir in Strömen von der Stirn, an Schlaf war nicht zu denken. Draußen stand die Hitze wie ein zum Angriff bereites Heer, kein noch so kleiner Windhauch war zu spüren. Und es war still, kein Laut, kein Säuseln eines Blattes im Wind, kein Knarren eines sich wiegenden Baumes, auch nicht das kleinste Geräusch der Zivilisation, das Brummen eines Motors, das sich entfernende Dröhnen eines Flugzeuges, vollkommene Stille, bedrückend fast, ja greifbar, zäh wie Schleim, als wäre ich im Inneren einer Glocke, die über mich gestülpt war, nur mein Atem und der Schlag meines Herzens waren zu hören. Es war unheimlich, gespenstisch, noch nie hatte ich mich so alleine und verloren gefühlt. Die Stille dröhnte in meinem Schädel. Als es hell wurde, wachte ich auf, schrak hoch aus wirren Träumen, kam zurück. Majestätisch ging die Sonne auf, übergoss den grauen Sand mit gleißendem Licht, sandte Strahlen der Zuversicht in mein zitterndes Herz. Nachdem ich mir einen Kaffee gekocht und ein Stück trockenes Brot und eine Dose Leberwurst gegessen hatte, überkam mich ein dringendes Bedürfnis. Also schnappte ich die Klopapierrolle und verzog mich unter den Auflieger. Der Mensch ist das Ergebnis seiner Erziehung, was ihm in seiner Kindheit und Jugend eingeschärft wurde, bleibt für ewig an ihm hängen. Ich hatte diesen Morgen die ganze, weite arabische Wüste zur Verfügung und obwohl weit und breit keine Menschenseele zu sehen oder auch nur zu erahnen war, wäre ich niemals auf den Gedanken gekommen, mich einfach irgendwo in den Sand zu hocken, um mein Geschäft zu verrichten, wie das bei den Wüstenbewohnern der Brauch ist. Es hätte ja irgendwer vorbeikommen können, eine Karawane oder eine geführte Wandergruppe, ein Trupp versprengter Touris, wer weiß, und dann wäre ich dagesessen, mit heruntergelassenen Hosen, Mann, wie peinlich wäre das wohl, in Grund und Boden hätte ich mich geschämt. So hockte ich denn unter dem Auflieger – und genau in dem Moment, als ich fertig war, tauchte links neben mir eine Gestalt auf, einfach so, wie aus dem Nichts. Es war ein Araber, unverkennbar, sein Gesicht war durch das Turbantuch halb verdeckt, ich konnte eigentlich nur seine Augen sehen, und die waren äußerst unfreundlich. Er überschüttete mich mit einem Redeschwall, von dem ich, natürlich, kein Wort verstand. Was mich allerdings etwas beunruhigte, war der lange Dolch, den er in der Hand hielt und dessen Spitze auf mich gerichtet war. Ich war total perplex, wo kam der her, gerade noch war ich alleine auf weiter Flur und nun tauchte der auf wie eine Fata Morgana und bedrohte mich. Und überhaupt, was war das, ein Überfall, oder was, war Notdurft verrichten hier möglicherweise verboten und das war der Ordnungshüter, »Haltet unsere Wüste sauber« oder dergleichen? Jetzt galt es, schnell zu handeln, blitzschnell duckte ich mich nach rechts weg und sprintete nach vorne zur Kabine (mit einer Hand hielt ich die Hose), riss die Tür auf und packte die Wagenheberstange, die ich unter dem Sitz aufbewahrte, und schnellte herum, da ich erwartete, dass der Araber dicht hinter mir angestürmt käme. Doch da war niemand! Vorsichtig und kampfbereit schlich ich nach hinten, immer in der Erwartung eines Angriffs. Ich umrundete den kompletten Auflieger und fand – nichts. Der Kerl war wie vom Erdboden verschluckt, genauso mysteriös, wie er aufgetaucht war, hatte er sich auch wieder verabschiedet. Mir war jetzt echt unheimlich. Wie konnte ein Mensch hier in diesem Nichts so plötzlich auftauchen und wieder verschwinden und was, zum Teufel, wollte der überhaupt von mir?! Hatte ich mir das Ganze etwa eingebildet, war das jetzt der Wüstenkoller, ich wurde nicht schlau daraus. Ich enterte mein Führerhaus und tat das einzig Richtige, ich gab Gas, weg hier! Ich fuhr den ganzen Tag. Draußen zog die Wüste an mir vorbei in mannigfaltigen Variationen, ein Licht und Schattenspiel ohnegleichen, weite Dünentäler, flache Ebenen ohne jegliche Vegetation und immer wieder wilde Kamele, ganze Herden irrten durch den Sand, herrenlos; das Kamel, das den Wüstenbewohnern jahrhundertelang als unverzichtbares Beförderungsmittel treu gedient hatte, hatte nunmehr ausgedient, man fuhr jetzt im Geländewagen mit Klimaanlage und überließ die Tiere sich selbst. Man nennt das Zivilisation. Ich fuhr und fuhr, und die Sonne brannte mir die Gedanken aus dem Kopf, die Hitze schwamm über dem Sand, suggerierte mir den Anblick von schimmernden Seen. Endlos lief das Band der Straße, vorbei an Riad und weiter hinein in die nicht enden wollenden Wadis, weiter, immer weiter ins Leere, ins Nichts. Die Nacht überfiel mich im Harrat al Kishb, einer höher gelegenen Gegend, in der es, dank einiger kleiner Tümpel, etwas kühler wurde, und ich erschöpft schlief, wie ein Stein. Am nächsten Morgen fuhr ich auf Mekka zu, wo mich Hauswand große Schilder in mehreren Sprachen davor warnten, mich als Ungläubiger der Stadt zu nähern. Gegen Mittag erreichte ich Taif, das wie eine Fata Morgana aus dem Sand erschien. Hochhäuser mit blitzenden Glasfassaden, Gehsteige mit Marmorplatten belegt, überall kreuzten große Cadillacs und Daimler, die Schaufenster der Geschäfte waren übervoll, in den Auslagen wurden Goldschmuck und Juwelen angeboten. Glaubt mir, krasser hätte der Gegensatz nicht sein können! In einem Supermarkt deckte ich mich mit Lebensmitteln ein, es gab alles, Schokolade aus der Schweiz, Käse aus Frankreich und Holland, Dosengemüse aus Deutschland und in einem Regal entdeckte ich sogar Maggi Gemüse-Ravioli aus Singen. Ich hatte eine Telefonnummer der Baufirma, die ich nun anrief, und eine Stunde später holte mich der Polier ab und geleitete mich zum Bau, der etwas außerhalb lag. Nachdem wir abgeladen hatten, bekam ich eine warme Mahlzeit und das Angebot, in einem gekühlten Container zu übernachten, was ich dankend anlehnte. Ich wollte heim, zurück zu der von mir Geliebten, raus aus der Hitze. Ich füllte meine Tanks, 1600 Liter, zum lächerlichen Preis von 100 DM, und fuhr am selben Nachmittag zurück. So schnell, dass mir niemand hätte folgen können, nur mein eigener Auflieger. Leider zu schnell für meine Reifen, denn während einer Pinkelpause stellte ich fest, dass sich am rechten Vorderreifen der Gummibelag löste, der Draht war bereits zu sehen. »Okay, kein Problem«, dachte ich, »montiere ich eben den Ersatzreifen.« Doch als ich den außen am Auflieger angebrachten Werkzeugkasten öffnete, um den Wagenheber herauszunehmen, stellte ich fest, dass der Kasten ölverschmiert war. Das Öl des Wagenhebers hatte sich derart erhitzt, dass es dünn geworden und ausgelaufen war. Ich schob das Teil unter die Vorderachse und pumpte verzweifelt. Nichts geschah, der Wagenheber war leer und rührte sich keinen Millimeter. Was nun, so wie der Reifen zerfetzt war, würde er keine fünf Kilometer mehr aushalten. Eine ausweglose Situation, da stand ich mitten im Nichts, hatte zwar einen Ersatzreifen, aber konnte ihn nicht montieren. Auf die Hilfe eines europäischen Kollegen zu warten konnte Stunden dauern, wenn überhaupt an diesem Tag noch einer vorbeikäme. Ich überlegte: »Das Bankett neben der Straße war auf derselben Höhe wie der Teerbelag. Wenn ich nun mit dem kaputten Reifen immer im weichen Sand fahren würde, wäre er nicht so belastet wie auf dem Teer und da ich ja leer, also leicht war, und langsam führe, könnte es funktionieren, eine Stadt, ein Dorf, eine Oase oder was auch immer zu erreichen.« So fuhr ich los, im Zuckeltrab, was blieb mir auch übrig. Die Sonne brannte unbarmherzig, in meinem Führerhaus waren es 53 Grad, ich hatte beide Fenster runtergedreht, aber bei einem Tempo von 40 km/h gab es keinerlei Fahrtwind, nur das mahlende Geräusch des beschädigten Reifens drang von draußen herein. Ich rumpelte eine Stunde dahin, immer in der Erwartung des Knalls, den ein platzender Reifen verursacht. Schweißgebadet und mit den Nerven am Anschlag schlich ich dahin, ab und an überholte mich ein Lastwagen, aber keiner nahm Notiz. Es war ja offensichtlich, dass ich ein Problem hatte. Es waren meist Syrer und Türken, denen ich lauthals hinterherfluchte und ihnen die Pest an den Hals wünschte. Plötzlich sah ich in der Ferne ein riesiges Schild auftauchen, und als ich näher kam, konnte ich die Schrift entziffern und mir fiel ein Stein vom Herzen, ach was – Stein, ein Fels, denn dort stand: »Camp Philipp Holzmann Frankfurt – 5 km«. Ich war gerettet! Das Camp einer deutschen Firma, die hier mitten in der Wüste ein Bauprojekt unterhielt und jede Menge Werkzeug zur Verfügung hatte, auf jeden Fall einen Wagenheber. Ein Engel wachte über mich, ich war's gewillt zu glauben, und wie auf Engelsflügeln lenkte ich den MAN, bis ich die Anlage vor mir aus dem zitternden Vorhang der Hitze auftauchen sah. Den Pakistani, der die Schranke am Eingang bewachte, bat ich, einen Deutschen zu holen, was er auch bereitwillig tat. Es verging nicht mal eine Stunde und der Reifen war gewechselt, mein Wagenheber repariert und nach einer warmen Mahlzeit und dem freundlichen Angebot, die Nacht im Camp zu verbringen, fuhr ich mit kaltem Mineralwasser wohlversorgt weiter. Ich wollte heim, so schnell wie möglich, ich hatte genug, es reichte mir. Doch nie werde ich die Freundlichkeit und Hilfe der Holzmänner vergessen, sie haben mich gerettet! Die Strecke, die ich in zwei Wochen hinter mich gebracht hatte, bewältigte ich nun in fünf Tagen, und als ich zu Hause ankam, fiel ich ins Bett und schlief zwölf Stunden am Stück.

***

Ich hatte wieder ein paar Tage frei, um mich etwas zu erholen. Wenn schönes Wetter war, traf ich mich meist mit Freunden in der Arlener Gems, wo wir dann im Biergarten den Abend verbrachten. Die Gems war damals der kulturelle Dreh- und Angelpunkt in Vulkanien. Ein paar junge, frischgebackene Lehrer hatten das alte Dorfgasthaus aus seinem Dornröschenschlaf geweckt, hatten es notdürftig renoviert und eine Musikkneipe daraus gemacht. Sie organisierten Konzerte, kochten einfache und billige Gerichte und führten die Kneipe auf recht legere Art und Weise, konnten sich also so die Hörner abstoßen, bevor der kathetertrockene Berufsalltag für sie begann. Für das etwas verschlafene Vulkanien war die Gems natürlich die Sensation, aus allen Ecken dieses Landstrichs pilgerten die Leute nach Arlen, um sodann staunenden Auges die Örtlichkeit zu inspizieren. So kam es, dass das kleine, bis dahin etwas schüchterne Arlen zum kulturellen Mittelpunkt Vulkaniens wurde. Natürlich waren die Gemsler manchen der konservativen Dorfbewohner ein Dorn im bodenständig, traditionsgebundenen Auge, man munkelte von nächtlichen Sex- und Haschischorgien, von zügellosem Lebensstil und sittenwidrigen Ausschweifungen, doch beweisen konnte man nichts. Nach und nach mischte sich der eine oder andere Eingeborene unter die zahlreichen Besucher, um dann irgendwann festzustellen, dass alles halb so schlimm war, und dass die Kirche immer noch im Dorf war. Also wurde man Stammgast und verbrachte die Abende damit, sich über die Bedienungen lustig zu machen, denn wie ja bereits erwähnt, handelte es sich um angehende Lehrer und Lehrer sind, wie ihr alle oft kummervoll erfahren musstet, eine ganz eigene Spezies; ungeschickt will ich nicht sagen, das nicht, ich will's mal so formulieren, manche sind vielleicht etwas realitätsfremd, haben nicht so ganz den Bezug zu Abläufen, die auf nichtgeistiger Ebene stattfinden, also solche Sachen wie körperliche Arbeit, ihr versteht mich. Und eine Person stach besonders hervor, und das kam so. Im prachtvollen Biergarten standen zwei wunderschöne riesige Kastanienbäume, die mit ihren ausladenden Zweigen den Sonntagnachmittagstrinkern liebevoll ihren kühlenden Schatten spendeten. Natürlich liefen ihre mächtigen Wurzeln kreuz und quer durch den Garten und eine davon befand sich etwa zwei Meter vor den Treppenstufen, die ins Gasthaus führten, und ragte dort deutlich sichtbar aus dem Boden. Da durch diese Tür die Bedienungen aus und ein gingen, mussten sie mit dem vollen Tablett erst die Stufen hinunter und dann an der Wurzel vorbei, was auch immer klappte, außer bei Stolperliesel, die eigentlich Lisa hieß, sich ihren Spitznamen aber redlich verdient hatte, weil sie immer wieder mal über besagte Wurzel stolperte und das mit Biergläsern beladene Tablett mit einem schrillen – Oh, mein Gott! – weit von sich und mitten unter die Leute warf, wobei auffiel, dass sie niemals mit dem leeren Tablett, sondern immer nur mit dem vollen über die Wurzel stolperte, und wenn sie mal nicht über diese fiel, dann glitt sie auf der Treppe aus und warf das Tablett, das volle versteht sich, ebenfalls hin. Und so kam es, dass unter den Gästen Wettgemeinschaften gegründet wurden. Die einen wetteten darauf, dass sie über die Wurzel stolpern würde, die Gegenpartei war für den Sturz auf der Treppe, wer verlor, musste die nächste Runde zahlen, während der dann bierseligerweise verschiedene Theorien aufgestellt wurden, warum Liesl immer wieder mit dem Tablett um sich warf. Es könnte ja sein, so meinten die einen, dass bei Liesl eine motorische Unregelmäßigkeit im Bewegungsablauf bestünde, was bedeuten würde, dass sie gar nicht anders könnte, als immer wieder mal zu straucheln, andere wiederum widersprachen dieser These und meinten, dass es sich um reine Ungeschicklichkeit gepaart mit Unachtsamkeit handle. Wieder andere sahen die Ursache in Unerfahrenheit, will heißen, fehlender Praxis, verbunden mit dem Ignorieren beziehungsweise dem Außerachtlassen der physikalischen Gesetze, also der auf das Tablett einwirkenden Erdanziehungskraft. Da sie, Liesl, beim Betreten des Gartens das Tablett mit den vollen Gläsern vor sich her trug, konnte sie ja nicht auf den direkt vor ihr liegenden Boden sehen, so meinten jene, war sie abgelenkt, weil sie sich darauf konzentrieren musste, das Tablett so auszubalancieren, dass die vollen Gläser nicht überschwappten, allerdings, so meinte jemand, wäre das das kleinere Übel gewesen, wobei sich dann alle einig waren, dass es besser wäre, ein übergeschwapptes Glas zu erhalten, als es mit Schwung über die Hose gegossen zu bekommen.

An diesem Abend nun war bereits eine illustre Runde versammelt, als ich dazustieß.

»Und, wer bedient heute?«, fragte ich und schnappte mir einen Stuhl.

»Lisa bedient, wir haben bereits unsere Wetten gesetzt!«, erfuhr ich.

»Bis jetzt hat sie noch nichts hingeworfen!«, krähte Paule und schwenkte grüßend sein Glas.

»Was nicht ist, kann ja noch werden«, orakelte Martin und nahm einen tiefen Schluck.

»Achtung, sie kommt!«, rief in diesem Moment Herbert, und alle Mann hielten den Atem an.

Da war sie, vorsichtig tastete sich ihre schmächtige Gestalt die Treppenstufen hinunter, die langen braunen Haare hatte sie zu einem Pferdeschwanz gebunden, damit keine ins Gesicht fallende Strähne ihr die Sicht verschlechtern konnte.

»Seht doch, ihre Brille ist mit Küchendunst beschlagen!«, feixte Herbert, der ihr am nächsten saß.

Sofort keimte Hoffnung auf, der Abwurf musste unmittelbar bevorstehen. Doch achtsam schob Liesl Fuß vor Fuß, überwand die Treppe mit Bravour, umging fast spielerisch die vermaledeite Wurzel und trat mit überlegenem Lächeln an den Tisch.

»Na, dann halt bei der nächsten Runde«, flüsterte Martin resigniert.

Die Nacht war weit vorgerückt, der Mond schob die Wolken jetzt wie Billardkugeln vor sich her, die Sterne schwammen in der unendlichen Dünung des Universums, die Gemeinschaft des Bieres war still geworden, die Köpfe schwer. Liesl hatte nichts hingeworfen diesen Abend, eine letzte Bestellung war ergangen, doch Hoffnung gab es keine mehr und so achtete keiner mehr darauf, als Liesl zum letzten Mal in den Garten kam. Die Treppe überwand sie locker und auch die Wurzel war kein Problem, doch als sie auf den Tisch zuging, als alles den Anschein hatte, dass auch diese Runde verloren gehen würde, da passierte es.

Zwei Hunde kamen um die Ecke geschossen, es war die läufige Hündin der Gems und hinter ihr, die Nase an ihrem Hinterteil, der Schäferhund vom Bauern nebenan.

Beide rannten direkt auf Liesl zu. Und so kam's, dass die Nachtstille von einem schrillen – Oh, mein Gott! – durchbrochen wurde, und dass ein goldener Regen frisch gezapften Bieres niederging auf unsere Gemeinschaft, der es, trotz erheblicher Beeinträchtigung, doch noch gelungen war, den wie Geschosse durch die Luft fliegenden Biergläsern auszuweichen.

»Ich krieg einen Zehner von dir!«, lallte Herbert, und Martin zog missmutig grunzend seinen Geldbeutel.

***

Kurz nach 5 Uhr nachmittags erreichte ich den Hafen von Zeebrügge, die Fähre nach Dover ging um 8 Uhr, also war ich gut in der Zeit. Seit einem Jahr fuhr ich regelmäßig nach England. Nachdem es mir immer schwerer gefallen war, mich von meiner von mir Geliebten loszureißen und wir dann auch beschlossen hatten eine Familie zu gründen, so mit Kindern und allem Drum und Dran, fuhr ich eine regelmäßige Linie und war somit am Wochenende zu Hause, na, jedenfalls meistens. Wenn ich am Hafen ankam, galt mein erster Blick immer dem Meer, war es glatt oder schlugen die Welle zornig an die Hafenmauer, denn dann stand uns eine Sturmnacht bevor. Manchen Sturm hatte ich schon erlebt, und da die Fähren relativ kurz und hoch waren, um in engen Häfen wie Felixstowe oder Great Yarmouth wenden zu können, waren sie auch recht anfällig bei Seegang und schwankten wie Schiffschaukeln. Ich wurde zum Glück nie seekrank, aber an Schlaf war bei Sturm dennoch nicht zu denken. Wenn's heftig wurde, krängte der Kahn derart, dass wir uns im Bett mit dem Gurt anschnallen mussten, um nicht aus der Koje zu fallen. Und so war's auch an diesem Tag, ich rangierte meinen Anhängerzug in der letzten Reihe vorsichtig zwischen zwei englische Sattelschlepper und als ich sah, dass die Seeleute damit begannen, die Lkws anzuketten, wusste ich, dass wir eine unruhige Nacht vor uns hatten. Schicksalsergeben ging ich nach oben in die Lounge. An einem Tisch saßen zwei Schweizer, die ich kannte und mit denen ich in Manchester im »Truck Stop« so manches Pint geleert hatte.

»Kumm, sitz her, mir ziät eis (Komm, setz dich her, wir trinken einen)!«, wurde ich schon von Weitem begrüßt. Ich holte mir an der Bar, die von Touristen bevölkert wurde, ein Bier und setzte mich zu den Schweizern.

»Jetzt sind sie alle noch fröhlich«, grinste Ruedi und zeigte auf die Touris, »aber sobald wir aus dem Hafen auslaufen, wird ihnen der Spaß vergehen.« So war's dann, kaum waren wir außerhalb der schützenden Hafenmauern, schwankte der Kahn wie betrunken von einer Seite zur anderen. Der Horizont schwappte vor den Fenstern wie der Cognac in einem Schwenker. Kennt ihr das? Niemals aus dem Fenster sehn, denn dann hebt sich der Magen im Rhythmus der Bewegung und es wird einem schlecht. Immer den Blick im Raum lassen, so bleibt der Körper im Einklang mit dem Schiff.

»Siäsch, etz vereiset (Siehst du, jetzt hauen sie ab)!«, feixte Ruedi schadenfroh, denn schlagartig leerte sich die Lounge in Richtung Toiletten. Auf den verwaisten Tischen rutschten die Tabletts von der einen Seite zur anderen und die leeren Biergläser schepperten zu Boden.

Und der nächste, der kreidebleich in Richtung Klo verschwand, war Ruedi selbst. Es war aber auch heftig dieses Mal und so beschloss ich, ebenfalls ins Bett zu gehen, im Liegen ist hoher Seegang noch am erträglichsten. Im Flur zu den Kabinen kam mir der Mülleimer entgegengeflogen und ich musste mich mehrfach an der Wand abstützen, um das Gleichgewicht zu halten. Ich teilte die Kabine mit einem deutschen Fernfahrer, der käsebleich und völlig verängstigt in seiner Koje lag.

Es war seine erste Englandfahrt und so hatte er sich das nicht vorgestellt.

»Ist das normal, ist das immer so?«, haderte er mit seinem Geschick. »Wenn ich das gewusst hätte, der Kahn ist ja kurz vorm Absaufen.«

»Halb so schlimm, das ist nur ein kleiner Sturm, ganz normal um diese Jahreszeit, daran gewöhnst du dich«, antwortete ich grinsend.

»Nur ein kleiner Sturm, na, dann möchte ich aber keinen richtigen erleben!«, murmelte er und drehte sich zur Seite. »Wie soll denn ein Mensch hierbei schlafen?«

Das war zugegebenermaßen etwas schwierig, denn obwohl in der Koje liegend, war man immer irgendwie in Bewegung. Das Schiff neigt sich nach einer Seite und automatisch fühlt der Körper diese Bewegung mit, bis zu dem Punkt, an dem der Kahn einen Moment verharrt, wieder hochkommt, um sich dann in die Gegenrichtung zu senken. Wenn der Seegang besonders schlimm war, beschlich auch mich ein mulmiges Gefühl. So war es auch jene Nacht. Die Fähre tauchte ab und senkte sich dann bis zu dem Punkt, an dem sie, bei normalem Wellengang, stehen bleibt, um dann wieder zurückzukommen, doch weiter ging's, immer tiefer in Schräglage – jetzt müsste sie hochkommen – mein Körper spannte sich an, verkrampfte – dann endlich – die Erlösung. Kurz verharrend kam die Gegenbewegung, das Schiff legte sich auf die andere Seite und nun begann das gleiche Spiel von vorne, wieder abwärts, immer weiter, tiefer, wieder die Anspannung bis zum Point of Return, dann das befreiende Gefühl der Entspannung, doch nur kurz, denn gleich ging es wieder abwärts. Wow! Und das die ganze Nacht lang, das kann einen Mann schon mürbemachen, glaubt's mir, vor allem wenn unter einem auch noch ein Kollege liegt, der lauthals jammernd bei allen Göttern schwört, nie wieder einen Fuß auf eine Englandfähre zu setzen. Irgendwann bin ich dann doch noch eingeschlafen und erst das Tuten der Fähre beim Einlaufen im Hafen von Dover weckte mich. Ich begab mich in die Lounge, um noch schnell das obligate englische Frühstück zu mir zu nehmen. Es gibt kaum etwas, das langweiliger, fader und geschmackloser ist als ein englisches Frühstück. Die Eier sind glibberig, der Bacon fett und verbrannt, die Bohnen aus der Dose völlig geschmacksneutral und die Würstchen haben die Konsistenz von Sägemehl und schmecken auch so. Der Kaffee ist lediglich schwarz gefärbtes Wasser und der Geschmack des Toasts erinnert an Pappkarton. Und nicht zu vergessen die lauwarmen Tomatenscheiben, bei denen sich einem der Gedanke aufdrängt, dass so eingeschlafene Füße schmecken müssen.

Die ersten Male musste ich mich regelrecht überwinden, das Zeug runterzuwürgen, doch mit der Zeit gewöhnt man sich daran. Und wenn man dann mit Entsetzen irgendwann feststellt, dass einem das Ganze anfängt zu munden, wird es Zeit, das Land zu verlassen.

Unten im Schiff erwartete uns dann eine böse Überraschung. Eine Reihe der Lastwagen war völlig ineinander verkeilt. Der rechte, äußerste Truck hatte eine 10-Tonnen-Stanzmaschine geladen. Da die Maschine 240 Meter hoch und somit kopflastig war und der Fahrer zudem vergessen hatte, sie richtig mit Spanngurten zu sichern, war das Malheur geschehen. Bei dem starken Seegang in dieser Nacht war die Maschine ins Wanken geraten, dann ins Rutschen gekommen und hatte die Bordwand und die Plane des Aufliegers durchschlagen. Da die Lkws alle dicht beieinander standen, war ein Dominoeffekt entstanden, die Stanze hatte den benachbarten Auflieger gekippt und der wiederum den nächsten und so hing die ganze Reihe da wie ein umgestürzter Lattenzaun. Und dreimal dürft ihr raten, wer der Unglücksrabe war, dessen Lkw die Kettenreaktion ausgelöst hatte! Genau, der jammernde Kollege, der unter mir gelegen hatte, stand nun schreckensbleich neben mir und rang die Hände.

»Das darf nicht wahr sein, das gibt es nicht!«

Er tat mir wirklich leid, was da jetzt auf ihn zukam, dessen war er sich noch gar nicht bewusst. Die Fähre war sicherlich den ganzen Tag blockiert, nur mit Kran und schwerem Gerät war dieser Wirrwarr zu beseitigen. Zudem waren nicht nur die Lkws, sondern auch die Ladungen ruiniert. Enormer Arbeitsaufwand und immense Kosten standen an und selbstverständlich würden die Versicherungen, wie sie es immer tun, versuchen, sich vor der Schadensregulierung zu drücken. Kein guter Morgen für den Kollegen. Zum Glück stand mein Lkw nicht in dieser Reihe, sodass ich unbehindert das Schiff verlassen konnte.

Diesen Morgen lag Dover, wieder einmal, im dichten Nebel. Nun, Nebel gibt es überall und als Fernfahrer, der auf Europas Straßen unterwegs ist, hat man schon alle möglichen Variationen erlebt und gemeistert. Dichter, schwerer, nasser Nebel, Nebel, der wie Rauchschwaden über der Landschaft hängt, tropfender Nebel, der die Frontscheibe mit einer Wasserschicht überzieht, grauer, undurchdringlicher Nebel, der die Umgebung nur noch schemenhaft erkennbar macht, vielerlei Arten also, doch nichts davon kann sich auch nur annähernd mit dem englischen Nebel messen. Noch nie hatte ich etwas Derartiges erlebt. Als ich das Schiff über die Rampe verließ, war es, als führe ich in eine weiße Wand, die Sicht betrug keine dreißig Meter, der Nebel saß wie eine Haube auf der Landschaft, die Hafenanlage war völlig verschwunden, gerade so, als befände man sich im Innern eines Wattebausches. Ich tastete mich vorsichtig aus dem Hafen und wären nicht die richtungsweisenden Linie am Boden gewesen, ich hätte niemals rausgefunden. Im Schritttempo fuhr ich weiter, bis ich die Autobahnauffahrt zur M 20 erreichte. Der Smog hing wie ein Schleier über der Gegend, durch das andauernde, intensive Starren fingen meine Augen an zu tränen, es flimmerte und ich sah Schatten und Gestalten in dieser Suppe, die nach kurzem Blinzeln wieder verschwanden. Weiter entfernt vom Meer lichtete sich der Nebelschleier etwas und ich konnte zügig weiterfahren. Von der London umrundenden M 25 bog ich auf die nordwärts führende M 1 und erreichte über Luton, Northampton und Coventry nachmittags mein Ziel Birmingham. Abgeladen war schnell, und da ich erst am nächsten Tag in London die Rückladung aufnehmen musste, hatte ich den Rest des Tages für mich. Also kaufte ich mir in einem Supermarkt einen Sixpack Bier und fuhr aufs Land. Die englischen Großstädte sind wie alle Großstädte, laut, schmutzig und voller hastender Menschen. Doch kaum verlässt man den urbanen Einzugsbereich verändert sich die Welt. Es gibt wenige Landschaften, die so lieblich sind wie die englische. Es ist, als führe man durch einen riesigen, grünen Garten. Alles wirkt gepflegt und behütet. Die grünen Hügel, auf denen sich die Schafe tummeln, einzelne Bäume, die wie unbestechliche Wächter auf den Kuppen stehen und alles überblicken. Die Wiesenränder eingefasst von Büschen, die akkurat in einer Linie ausgerichtet sind. Die Landstraßen gesäumt von kniehohen Steinmauern, auf denen farbige Blumen und Moose prangen. Und das alles wird immer wieder von einem sanft fallenden Regen zärtlich besprengt und gewaschen, selbst der Wind bläst nur ganz vorsichtig und liebevoll über das sorgsam gehegte Gras. Es wirkt gepflegt und doch noch immer irgendwie archaisch – und ich hätte mich sicher nicht einmal gewundert, käme ein gerüsteter Lancelot auf einem Pferd, gefolgt von einem Windspiel, über die Felder galoppiert.

An diesem Abend hatte ich mir einen einsamen Parkplatz in den Cambrian Mountain gesucht, saß dort auf einem Hügel, trank mein Bier, genoss die Landschaft und mein Leben. Auf einer Wiese standen ein paar Kühe, die neugierig zu mir hergeschlendert kamen, und als ich sie fragte, ob ihnen eigentlich klar sei, was für ein herrliches Leben sie hier hätten, glotzten sie nur blöde und muhten gelangweilt. Am nächsten Morgen fuhr ich zeitig los, um nachmittags an der Ladestelle in London zu sein. Kurz bevor ich die Auffahrt zur M 25 erreichte, fing es an zu schneien. Das hatte ich in England auch noch nie erlebt. Gut, es war nicht allzu viel Schnee, es reichte gerade mal, um die Fahrbahn zu bedecken, aber als ich an der Auffahrt ankam, war sie gesperrt und ein Polizeiauto blockierte die Straße. Der Beamte kam zu mir rüber.

»Sorry, Sir, diese Autobahn ist schneebedeckt und somit nicht befahrbar!«, sagte er. »Es hat leider schon mehrere Unfälle gegeben.«

Nun war's natürlich so, dass die Engländer keinesfalls und nie mit Schnee rechnen und somit kein Wagen mit Winterreifen ausgerüstet war, also sperrte man kurzerhand die Autobahn. Doch als ich den Beamten darauf hinwies, dass ich aus der Schweiz käme und an schneeglatte Fahrbahnen gewöhnt und geradezu begeistert davon sei, sah er mich sinnend an, lächelte und sagte:

»Aber natürlich, Sie sind das ja gewöhnt (*you are used to it*), verzeihen Sie, daran habe ich nicht gedacht, Sie können fahren.«

Und ohne langes Federlesen räumte er die Barrikade zur Seite und winkte mich durch. So fuhr ich mutterseelenallein auf einer vollkommen leeren Autobahn ohne Stress und Hektik gen London, das ich mittags erreichte. Herrlich! Die Firma lag direkt in der Innenstadt und ich hatte erhebliche Mühe, dorthin zu finden, denn die City besteht aus einem unübersichtlichen Gewirr von Einbahnstraßen. Als ich beladen war, ließ ich mir den

Weg aus der Stadt in Richtung Dover genau erklären und fuhr guten Mutes los. Man hatte mir eingeschärft, dass ich über die Blackfrias Bridge zur A 201 müsste, da die andere Möglichkeit die Tower Bridge wäre, und die war für Lastwagen absolut gesperrt. Doch – ruck, zuck! – hatte ich mich wieder verfahren, egal wie rum ich fuhr, jedes Mal stand ich vor einer Einbahnstraße und zum Schluss immer vor der Tower Bridge. Also fing ich wieder von vorne an, mit demselben Erfolg. Natürlich war auch noch Rushhour und eine Lawine von hupenden, drängelnden Pkws umbrandete mich. Normalerweise sind die Briten ausländischen Fahrzeugen gegenüber wahre Gentlemen, es wird Rücksicht genommen, doch hier in London gelten offensichtlich andere Gesetze. Mir wurde reichlich warm, das könnt ihr mir glauben. Ich fuhr und schimpfte, fuhr und fluchte, verschaltete mich auch noch in der Hektik, alles half nichts, früher oder später stand ich wieder vor der vermaledeiten Tower Bridge.

»Gut, Rehmann, wenn's denn sein soll, soll's halt sein!«, resignierte ich, hielt Ausschau nach einem Polizeiauto und als keines zu sehen war, gab ich Gas und fuhr auf die Tower Bridge, in der Hoffnung, dass sie halten würde. Sie hat gehalten, sonst hättet ihr das sicher erfahren. Und so kann ich mich nun rühmen, der einzige Fernfahrer zu sein, der mit einem 40-Tonner-Anhängerzug über die Tower Bridge gefahren ist. Obwohl, wer weiß?

Nach mehr als einem Jahr hatte ich dann genug, genug vom Schaukeln der Fähren, genug vom lauwarmen englischen Essen und genug von all dem Stress im Linksverkehr. Da unsere Tochter Anna unterwegs war, und demnächst die Gesichter ihrer Eltern sehen wollte, fiel es mir immer schwerer, tagelang fort von zu Hause zu sein. Natürlich wollte ich auch bei der Geburt dabei sein, um nichts auf der Welt wollte ich das verpassen. Also suchte ich mir eine Stelle im Schweizverkehr und war somit jeden Abend daheim. Die Geburt war ein Erlebnis, das ich nie vergessen werde, und ich bin froh, dass ich so gehandelt habe. Und so saß ich eines Abends vor dem Fernseher, Anna und die von mir Geliebte schliefen bereits und auch ich wollte mir nur noch die Nachrichten ansehen, da flimmerten Bilder über die Mattscheibe, die mir den Atem stocken ließen. Im Hafen von Zeebrügge war eine Fähre gekentert, weil der zuständige Matrose vergessen hatte, bei der Ausfahrt die Bugtore zu schließen. Das Schiff war sofort mit Wasser vollgelaufen, hatte Schlagseite bekommen und war dann kurz nach der Hafenausfahrt zur Seite umgeschlagen. Es war die Herald of Free Enterprise, eine der Fähren, mit denen ich so oft gefahren war. Und obwohl es in der Nähe des Hafens geschah und Hilfe sofort vor Ort war, sind mehr als 150 Menschen gestorben, darunter auch Kollegen, die nicht mehr aus ihren Kabinen kamen, weil die eine Seite des Schiffs sofort voll Wasser lief. Hätte ich mich nicht für meine von mir Geliebte entschieden, wäre es sehr wahrscheinlich gewesen, dass auch ich diesen Abend auf der Herald of Free Enterprise gefahren wäre, doch ich saß hier im warmen Wohnzimmer in Sicherheit und erkannte, was für ein Glück ich hatte und dass es die Liebe war, die mir vielleicht sogar das Leben gerettet hat.